Japanese Beautiful Passage Commentary

개정판

일본어 명문선주해 (I)

用例文을 중심으로 상세하게 풀이한

김원호 지음

UUP

日本語名文選註解（Ⅰ）

- 2024년　8월 08일 개정판 1쇄 발행
- 2006년　9월 07일　초판 2쇄 발행
- 2003년 10월 29일　초판　　발행
- 지은이 김원호
- 펴낸이 오연천
- 펴낸곳 (울산대학교출판부) 44610 울산광역시 남구 대학로 93(무거동) 울산대학교 출판부
- 전화 (052)259-2488 팩스 (052)277-3011
- 홈페이지 http://uup.ulsan.ac.kr
- 출판등록 제370-1996-000001호(1996.3.13.)
- 14,000

ISBN 979.11.6726.043.7(93730)

머리말

그 옛날, 대학시절 어느 교수님으로부터 수강했던 일본어과목. 그 과목의 교재로 사용한 『일본어판 리다스 다이제스트(월간)』가 있었다.

어느 날 갑자기 그 속에 재미있던 내용들이 생각나, 1983년 서울 청계천 고서점가를 이리저리 배회하며 수집하러 다녔던 기억이 생생히 난다. 나는 그것을 지금 연구실 구석에 시리즈로 보관하여 남기고 있는데 늘 좋은 보석으로 생각하고 있다.

이제 그 잡지 속의 재미있었던 테마 중에서, 지금으로서는 시사성은 적지만 흥미로우면서도 명문장(名文章)으로 생각되는 것을 여기에 모아 보았다. 그것을 잘 분석해 보면, 한 문장 한 문장 속에 들어있는 일본어 어휘나 표현력이 다른 테마보다 한층 우수하다고 생각되는 것들이다. 그러나 집필자의 대부분이 영문으로 된 저본(底本)을 일역(日訳)한 것이 단점이기는 하지만, 그것은 일본어다운 문장이면서 세련된 문장임에는 틀림없다고 본다.

일본어로 된 문장을 쉽게 이해할 수 있는 단계에 이르려면, 상당한 시간이 소요되는 것은 말할 필요도 없다. 영어학습과 마찬가지로 오랜 기간 연마해야 하는 언어이다. 일본어는 처음 배울 때는 쉽다고 하지만 배우면 배울수록 점점 어려워지는 외국어이다.

일본어 문장이 「히라가나」와 「가타가나」 그리고 「한자」로 되어 있어서, 「가나」와 「한자」만 알면 쉽게 독해할 수 있다고 하지만 그렇지 않다. 그리고 한일 양국어가 너무나 닮아서 쉽게 번역할 수 있다고 생각하지만 그것 또한 잘못 번역하기 십상이다. 그래서 수많은 일본어 정보(情報)들이 한국어로 이전(移転)되는 과정에서 엉뚱한 의미로 변질되어 사용되고 있는 것을 자주 본다. 그렇기 때문에, 보다 정확하고 올바른 번역이 절실히 요구되고 있는 것이다. 그러기 위해서는 양언어의 언어학적인 특성을 올바르게 파악하고 거기에 따르는 표현의 차이 등을 확실히 이해해야 할 것이다.

본 주해서는, 6개월 이상 배운 자를 대상으로 하여 주석을 달아 설명하였다. 각 제시어 마다 다양한 예문들이 많이 나열되어 있고 상세하게 설명되어 있어, 혼자서도 쉽게 공부할 수 있게끔 편리하게 꾸며 놓았다. 일본의 인터넷 사이트와 여러 가지 일본어 사전 등을 이용, 독특한 예문을 채록하여 학습자에게 가려운 부분을 시원하게 긁어주는 텍스트로 제작해 보았다. 그래서 서명도 『日本語名文選註解(Ⅰ)』라고 명명하였으며 이후 판을 계속 간행할 예정이다.

본서를 저의 강좌의 교재로 사용하는 것도, 앞의 이유도 있겠지만 다이제스트 일본어판으로 외국어를 공부하였던 필자가, 그 당시 학생의 입장에서 배웠던 방법으로 우리 학생들에게 가르치고 싶었기 때문이다. 더욱이 본서는, 독해용 교재로 제작된 것이지만 때로는 회화용으로 사용되어도 좋을 것이다. 또한 본서로 공부함으로써 일본어의 어휘 및 번역연습에 큰 도움이 될 것으로 생각되며, 나아가 '각종시험'에도 대비할 수 있는 훌륭한 어학서가 될 것으로 확신한다.

마지막으로 본 주해서가 발간되기까지 「魯魚, 亥豕の誤り」를 선별해 준 저의 SEMINAR반 학생들, 室井康成 선생님, 그리고 출판부장님에게 고마움을 표하고 싶다.

여러분들의 무궁한 건투를 기원한다.

2003년 9월 6일

저 자

개정판을 내면서

본서 '일본어명문선주해(1권)' 초판이 발행된지 2003년 10월입니다. 어언 20년.. 강산도 두 번이나 바뀌었습니다. 이런 것을 보고 우리는 '세월이 마치 화살같다'고 하지 않습니까? 정말 세월이 빠른 것 같습니다!

저의 신분도 달라졌습니다. 2003년 당시 정교수였습니다. 이젠 명예교수라는 훈장을 달고 지난 세월을 회고하면서 삶의 여러 감흥을 즐기고 있습니다. 다행히 건강한 체질이라 특별한 문제는 없지요. 마냥 하고자하는 일거리만 많을 뿐입니다.

이제는 1인 방송시대가 아닌가요? 어느날 갑자기 출현한 '유튜브'라는 요물이 세상을 지배하고있습니다. '알고리즘'의 구조를 모르면 안되는 정보화시대. 영상경쟁시대라 할까요? 바야흐로 인기위주의 유튜브 크리에이터 시대가 도래한 것입니다. 본인도 슬쩍 한자리를 차지하고싶어졌습니다. 마치 현역 교수시절로 돌아가 열정적인 강의도 하는 듯합니다. 다양한 일본어 강좌를 개설하여 급변하는 영상시대에 한몫해보려 합니다.

이번 기회에 많은 독자들의 요구에 부응하여, 본서 '일본어명문선주해(1권)'를 수정하고 보완하게 되었습니다. 독자 여러분의 무궁한 발전이 있기를 기원합니다.

2024. 7. 25 중복날 저자

일러두기

Ⅰ. 본서는, 4장으로 나누어져 있으며, 매 장을 몇 개의 단원으로 나누었다. 매단원은 「본문」 「한자의 読み方」 「주해」로 구성하였으며 매 장마다 「연습문제」도 추가하였다. 「부록」에는 〔본문의 번역〕〔연습문제의 답〕이 첨부되어 있다.

1. **「본문」** : 해석상 중요한 단어나 보충설명이 필요한 사항은, 「주석번호」를 달아두었고 「주해」에서 상세히 설명해 두었다. 한자의 「読み方」나 전반적인 번역은 가능한 한 학습자 스스로 사전을 하나하나 찾아보면서 이해하도록 하는 것이 바람직하다.

   예) 私は知らず知らず[1)]のうちにそういうことをしてしまったように思う。
   (「제3장 なぜ大学へ行かなきゃならないの」에서)

2. **「한자의 読み方」** : 혼자서 공부하기 쉽게, 본문의 순서대로 「読み方」를 따로 써 두었고 의미도 풀이해 두었다. 「일본어를 6개월 이상 배운 학생」을 기준으로 보아 쉽다고 판단되는 기초적인 단어는 대상에서 제외했다.

   ⇨ 学(まな)ぶ : 배우다　　帆船(はんせん) : 돛단배

3. **「주해」** :

A. 본문 속에 표시되어 있는 <주석번호> 순서대로 중요한 어휘와 중요한 어구를 상세하게 설명해 두었다. 가능한 한 이해하기 쉽도록 많은 예문을 들었다. 또한 예문의 <한자>에도 최대한 가나를 달아 두었다. 더욱이 그 예문이 어디에서 인용되었는지 출전(出典)이 필요할 경우에는(9쪽 참조), 문말에 명기(明記)하여 이해에 도움을 주었다.

예) 知(し)らず知(し)らずに : 부지불식간에, 자기도 모르게.

⇨『盗聴(とうちょう)ここまでやっている!! — 知らず知らずに聴(き)かれているあなたの秘密(ひみつ)』〔yp〕
(『도청 여기까지 하고 있다!! - 부지불식간에 도청 당하는 당신의 비밀』, 서명)

⇨ 運動(うんどう)を長い間(あいだ)しないでいると, 知らず知らずに, からだが固(かた)くなる。
(운동을 오랫동안 하지 않으면, 자기도 모르게 몸이 굳어진다.)

B. 그리고 제시어가 유의어나 복합어 등으로 사용될 경우, <cf> 란을 두어 제시어를 이해하는데 최대한 도움설명을 해두었다.

예) わざわざ : 일부러.

⇨ あなたに会うためにわざわざ来たのではありません。 近所(きんじょ)まで来たついでによってみたのです。
(당신을 만나기 위해 일부러 온 것은 아닙니다. 근처까지 온 김에 들려 본 것입니다.)

cf) 「わざと」: 고의로, 일부러. (「わざわざ」보다 악의적이고 자기 이익을 생각함. = intentionally)

⇨ だれかがわざとやったのか, こんな所におもちゃのへびが置いてある。
(누군가 일부러 했는지 이런 곳에 장난감 뱀을 놓아두었다.)

C. 제시어의 표기는, 먼저 한자를 표기하고 후리가나를 해두었다. 경우에 따라서는, 그 한자로 자주 사용되고 있지 않을 경우에는 후리가나를 먼저 표기하고 나중에 한자를 표기해 두었다.

예) 真剣(しんけん)だ　有意義(ゆういぎ)　うなず(頷)く　はた(傍)

4. **「연습문제」** : 전체적인 대의 파악을 위하여, 각과마다 몇 개의 문제 문을 만들어 제시하였다. 본문 전체의 대의를 파악한 후, 일본어로 대화해 봄으로써 중·고급 회화학습에도 도움이 되도록 했다.

5. **「본문의 번역」** : 한국어로의 번역은 「부록」란에 있으며 최대한 <직역>해 두었다. 단, 경우에 따라 문맥이 자연스럽지 않을 때는 <의역>으로 해 두었다.

6. **「연습문제의 답」** : 연습문제의 답은 「부록」란에 있으며, 가능한 한 「본문」의 내용을 중심으로 <답안>을 만들어 학습에 도움이 되도록 했다.

Ⅱ. 본서에서 사용되는 일본어의 <품사>와 <활용형의 명칭>은, 편의상 다음과 같이 <약어>로 표시하기로 한다.

1. <품사> 의 약어

N : 명사

V : 동사

5단 : 5단활용동사　　上1 : 上1단활용동사

下1 : 下1단활용동사　　カ변 : カ行変格동사

サ변 : サ行変格동사

自 : 자동사　　他 : 타동사

A : 형용사 (일명 イ형용사)

Av : 형용동사 (일명 ナ형용사)

助v : 조동사　　副 : 부사

感 : 감동사　　接 : 접속사

助 : 조사　　接尾 : 접미어

連語 : 연어형　　連体 : 연체사

2. <활용형> 의 약어

基 : 기본형　　未 : 미연형

用 : 연용형　　体 : 연체형

終 : 종지형　　仮 : 가정형

命 : 명령형

Ⅲ. 마지막 부분에는, 「색인」란을 두어 「일본어」 「한국어」 별로 그 어휘·어구를 찾아보기 쉽도록 해두었다. 본서를 편리하게 사용하기 위해서는 필요한 코너이다.

Ⅳ. 본서는, 주로 <자습용>으로 제작하였으며 <중·고급의 일본어 독해 및 회화교재>로 사용하면 적합할 것이다.

Ⅴ. 본문에 사용한 해당용례의 출전(出典)을 마지막에 〔약어〕로 명기하였다. 본문에 사용한 용례의 <참고문헌>은 다음과 같다.

〈용례문의 참고문헌〉

[출전] [약어]

・http://www.yahoo.co.jp → 〔yp〕

・新村出(1989),『広辞苑』, 3版, 岩波書店 → 〔広〕

・小学館編輯部(1990, 1),『国語大辞典』 → 〔大辞典〕

・林史典・つるおか昭夫(1992, 2),『15万例文・成句 現代国語用例辞典』, 教育社 → 〔現代〕

・小島義郎・竹林 滋・中尾啓介(1996),『Lighthouse Japanese English Dictionary』, 研究社 → 〔ld〕

・藤原与一・磯貝英夫(1985),『表現類義辞典』, 東京堂 → 〔表現〕

・小学館辞典編輯部(1994),『使い方の分かる類語例解辞典』, 小学館 → 〔類語〕

・田忠魁・泉原省二・金相順(1998),『類義語使い分け辞典』, 研究社 → 〔使い分け〕

・安田吉実・孫洛範(1991),『民衆엣센스 日韓辞典』, 3刷, 民衆書林 → 무표시

・文化庁(1973. 8),『外国人のための基本語用例辞典』, 大蔵省印刷局 → 무표시

목차

第4章　ワンダフル! 日本のデパート

제1장

21世紀の若者に贈る七つの言葉

ある碩学のゼミナール

《第1章》

21世紀の若者に贈る七つの言葉

[1-1]

본문

やがてくる二十一世紀の若者に，ひとことアドバイスを与えることができるとしたら，さて[1]何と言ったものだろうか。 しかもたったひとことで選ぶとしたら。

ここ数年来，わたしは多くの友人たちに同じ質問をしてきたのだが，みんなの答があまりに類似しているのに驚いた。とりわけ[2]よく耳にした[3]のが，次の三つの言葉である。

まず一番多かったのは，「生きよ」だ。 したがって，この言葉を金言第一号に選んでよいだろう。シュバイツァーの 「生命を尊ぶ心」を思い，生命現象の限りない[4]複雑さとその不思議さ[5]

を考えるならば，この言葉の持つ深遠な意味を理解できることと思う。

ソーントン・ワイルダーの戯曲「わが町」の中に，若くしてこの世を去った[6)]一人の女性が，それまでの生涯の一日をもう一度だけ生きる機会を与えられるという話が出てくる。彼女は十二歳の誕生日を選ぶ。いよいよ[7)]その日が始まり，彼女はただもう片時もむだに[8)]しまいとやっきになる。[9)]「何もかも十分に見ておくなんて[10)]とてもできないわ」と彼女は言う。自分の家族たちがちっとも真剣に[11)]生きていないのを見て，彼女は悲しく思うのだ。彼女は必死になって母親に訴える。「もっとお互いを見つめ[12)]合いましょうよ!」だが，やがて彼女はこう言っている。「おお地球よ，あなたがあまりにすばらしいので，みんなにはあなたの価値がわからないのだわ。人間なんて，生きている間は生きるということがどういうことなのか，ちっともわかっていないんだわ」

確かに大半の人間が生命を浪費している。だからこそ，金言第一号はこう言っているのだ。「生きることです。しっかり[13)]目を見開いて[14)]経験し，成長するのです」と。

さて，二番目に答が多かった金言第二号は，「愛せよ」だ。人はこの言葉にさまざまな意味を持たせているので，第二の金言はあらゆる種類の愛をさすことになる。友愛，性愛，宗教的愛，そして人間愛だ。この場合，何よりも大切なのは，愛を与え，愛を受ける能力，つまり，大人の分別をもって自己中心の殻から抜け出る[15)]能力をつちかう[16]ことなのである。それは同時に，これまで自分の前に立ちはだかって[17]いた自己中心的な考えや価値感を乗り越える[18]ことなのである。これは十八歳の人間にも八十歳の人間にも体験できることなのである。

第三の金言は，「学べ」である。われわれは，学ぶことは「義務」だと考えるように育てられてきたし，学問は退屈[19]しごくな[20]義務だと思わせるのに学校側も一役買っている。[21] この愚かな[22]考えを追い払う[23]には，歩き始めようとしている赤ん坊を見るがいい。赤ん坊は歩こうとしては失敗し，またやり直す。少しずつ上達した[24]と思うところんで鼻をぶつけて泣く。だが，次の瞬間には笑い声をあげてよちよち[25]歩き出す。赤ん坊はけっして義務を遂行しているのではない。ただ人間に予定されたとおりに行動しているだけだ。これこそ「学ぶこと」の真意である。

한자의 読み方

21世紀(にじゅういっせいき) : 21세기
言葉(ことば) : 말, 언어
選(えら)ぶ : 선택하다
答(こたえ) : 대답
類似(るいじ) : 유사, 닮음
生(い)きる : 생존하다
第一号(だいいちごう) : 제1호
尊(とうと)ぶ : 존경하다
複雑(ふくざつ) : 복잡
意味(いみ) : 의미
戯曲(ぎきょく) : 희곡
若(わか)い : 젊다, 어리다
女性(じょせい) : 여성
一日(いちにち) : 하루
彼女(かのじょ) : 그녀
必死(ひっし) : 필사
お互(たが)い : 서로, 피차
価値(かち) : 가치
大半(たいはん) : 대부분
経験(けいけん) : 경험
種類(しゅるい) : 종류
性愛(せいあい) : 성애
人間愛(にんげんあい) : 인간애
大切(たいせつ)だ : 중요하다
大人(おとな) : 어른, 성인
自己中心(じこちゅうしん) : 자기중심
価値観(かちかん) : 가치관
学(まな)ぶ : 배우다
育(そだ)てる : 기르다, 양육하다
学校側(がっこうがわ) : 학교 측
失敗(しっぱい) : 실패
瞬間(しゅんかん) : 순간
贈(おく)る : 보내다
与(あた)える : 주다, 수여하다
数年来(すうねんらい) : 수년 이래
友人(ゆうじん) : 친구, 벗
驚(おどろ)く : 놀라다
金言(きんげん) : 금언
生命(せいめい) : 생명
現象(げんしょう) : 현상
深遠(しんえん)だ : 심원하다
理解(りかい) : 이해
わが町(まち) : 우리 마을
この世(よ) : 이 세상
生涯(しょうがい) : 생애
機会(きかい) : 기회
片時(かたとき) : 잠시
訴(うった)える : 호소하다, 소송하다
地球(ちきゅう) : 지구
人間(にんげん) : 인간
浪費(ろうひ) : 낭비
成長(せいちょう) : 성장
友愛(ゆうあい) : 우애
宗教(しゅうきょう) : 종교
場合(ばあい) : 경우
能力(のうりょく) : 능력
分別(ふんべつ) : 분별, 지각
殻(から) : 껍질
体験(たいけん) : 체험
義務(ぎむ) : 의무
学問(がくもん) : 학문
赤(あか)ん坊(ぼう) : 갓난아기
やり直(なお)す : 다시 하다, 고쳐하다
遂行(すいこう) : 수행,

予定(よてい) : 예정　　　　　　　　行動(こうどう) : 행동
真意(しんい) : 참된 의미

주해

1) さて : (接) (다른 화제로 변경 시) 그런데, 그건 그렇고. (= ところで)
(앞의 글을 가볍게 받음) 그리고, 그래서. (= そして, それから)
(感) (다음 행동으로 바뀔 때 自問·주저하는 느낌) 자. (= さあ)
(副) 막상 하려고 하면, 정작 때가 되면.

⇨ さて, 君のあれはどうなったかな。
(그런데 자네의 그건 어떻게 됐지.)

⇨ なべに水を入れます。 さて, そこで, そのなべを火にかけて10分ぐらい熱(ねっ)します。
(냄비에 물을 넣습니다. 그리고 나서 그 냄비를 불에 얹고 10분쯤 가열합니다.)

⇨ さて, そろそろ帰ろうか。
(자, 슬슬 가 볼까.)

⇨ さてとなるとやる気が失(う)せる。
(막상 하려고 하면 의욕이 사라진다.)

2) とりわけ : 특히, 유달리.

⇨ 私はビートルズの歌, とりわけ「イエスタデイ」や「レットーイット・ビー」が好きです。 〔ld〕
(저는 비틀스의 노래, 특히 Yesterday랑 Let It Be를 좋아합니다.)

⇨ 日本人は, とりわけ季節(きせつ)の移(うつ)り変わりを鋭敏(えいびん)に感(かん)じ取(と)ってきました。

(일본인은 유달리 계절의 변화를 예민하게 느껴 왔습니다.)

3) 耳(みみ)にする : 듣다.

⇨ 宮本さんが国会議員に立候補(りっこうほ)するという話を耳にした。

(미야모토 씨가 국회의원에 입후보한다는 것을 들었다.)

⇨ かすかな物音(ものおと)を耳にした。

(희미한 소리를 들었다.)

4) 限(かぎ)りない : 무한하다, 끝없다.

⇨ 欲(よく)を言えば限りない。

(욕망을 말하자면 한이 없다.)

⇨ 議論(ぎろん)は限りなく続いた。

(논쟁은 끝없이 계속되었다.)

⇨ 人類(じんるい)の未来(みらい)に限りない励(はげ)ましを与えてくれる都市を作る。〔yp〕

(인류의 미래에 끝임 없는 용기를 주는 도시를 만든다.)

⇨ 限りない未来に向かって。

(끝없는 미래를 향하여.)

⇨ 豊(ゆた)かな生活の限りない探求(たんきゅう)。

(풍요로운 생활의 무한한 탐구.)

5) 不思議(ふしぎ)だ : (Av) 불가사의하다, 이상하다.

⇨ 人間の脳(のう)って不思議だよね？〔yp〕

(인간의 뇌란 불가사의 하지 않아?)

⇨ 普通(ふつう)の人が不思議だと思っても, 専門家(せんもんか)にとって不思議でないことはたくさんあります。〔yp〕

(보통사람은 이상하다고 생각하지만 전문가에게는 이상하지 않은 일이 많이 있습니다.)

⇨ ジプシ−の占(うらな)いは不思議に当(あ)たるそうだ。〔yp〕

(집시의 점은 이상하게 맞는다고 한다.)

6) 去(さ)る : (어떤 장소에서) 떠나다, (어떤 시기가) 지나다, 세상을 떠나다.

⇨ 村人(むらびと)は, ダム建設(けんせつ)で湖底(こてい)に沈(しず)むことになったこの土地(とち)から, 永久(えいきゅう)に去らなければならなかった。〔現代〕

(마을사람들은 댐 건설로 호수 밑으로 잠기게 된 이 땅에서 영구히 떠나야했다.)

⇨ 私は両親のもとを去って独立(どくりつ)した。

(나는 부모의 슬하를 떠나서 독립했다.)

⇨ 夏が去り, 秋が来た。

(여름이 가고 가을이 왔다.)

⇨ 法隆寺(ほうりゅうじ)を建(た)てた聖徳太子(しょうとくたいし)は622年に世(よ)を去った。〔表現〕

(호우류우 사를 건설한 쇼우토쿠 태자는 622년에 세상을 떠났다.)

7) いよいよ : 더욱더, 마침내, 확실히.

⇨ 雨がいよいよはげしくなる。

(비가 한층 더 심해진다.)

⇨ 大事に使ったがいよいよこわれた。

(소중하게 썼으나 마침내 망가졌다.)

⇨ 犯人(はんにん)はいよいよ彼に決(き)まった。

(범인은 분명히 그임에 틀림없다.)

8) むだだ : (Av) 낭비성이 있다, 보람 없다, 헛되다.

⇨ ひとりでこんな大きな家を借(か)りているのはむだだ。

(혼자서 이런 큰집을 빌리는 것은 낭비다.)

⇨ あのひとはすぐわすれるから, 教えてもむだだ。

(저 사람은 즉시 잊어버리므로 가르쳐 봐도 소용없다.)

⇨ 人生(じんせい)にはむだのように見えて, むだではないこともある。〔類語〕

(인생은 허무한 듯이 보이지만 헛되지 않은 일도 있다.)

cf) 無駄(むだ) : (N) 쓸데없음, 헛됨, 낭비.

⇨ そんなむだを言っている間に勉強をしなさい。

(그렇게 헛된 말을 하고 있을 동안에 공부를 해요.)

⇨ わたしたちの生活にはたくさんのむだがある。 もっとむだをはぶくことができる。

(우리들의 생활에는 많은 낭비가 있다. 더욱 낭비를 없앨 수 있다.)

9) 躍起(やっき)になる : 기를 쓰다. (= やっきとなる)

⇨ ぼくは交番のおまわりさんに, 躍起になって身(み)に覚(おぼえ)がないことを主張(しゅちょう)した。〔現代〕

(나는 파출소 순경에게 기를 쓰며 나 자신 결백함을 주장했다.)

⇨ 約束時間に遅くきてやっきになって弁解(べんかい)した。〔表現〕

(약속시간에 늦게 와서 기를 쓰고 변명했다.)

⇨ 在宅(ざいたく)ワークを実現(じつげん)するために, 資格取得(しかくしゅとく)にやっきになる人がいます。〔yp〕

(재택작업을 실현하기 위하여 자격취득에 기를 쓰는 사람이 있습니다.)

⇨ 他社(たしゃ)や公的機関(こうてききかん)に責任(せきにん)を転嫁(てんか)することにやっきとなる。〔yp〕

(타사나 공적기관에 책임을 전가하는데 기를 쓰고 있다.)

10) なんて : (副) 어쩌면, 이토록, 이렇다 할.

(助) ~따위, ~같은 것, (뜻밖의 의미로) ~이라니, ~하다니.

⇨ 水に射(さ)した私の姿はなんて美(うつく)しいのだろう。

(물에 비친 나의 모습은 어쩌면 이토록 아름다울까.)

⇨ 日曜日にはなんて事はない。

(일요일에는 이렇다 할 일은 없다.)

⇨ いまは歌(うた)なんて歌っている場合(ばあい)じゃない。

(지금은 노래 따위 부를 처지가 아니다.)

⇨ 外国旅行ができるなんてすてきじゃない。

(외국여행을 할 수 있다니 멋있지 않아?)

11) 真剣(しんけん)だ : (Av) 진지하다, 진심이다.

⇨ 何をするにも真剣な彼の態度(たいど)はみんなの手本(てほん)だ。

(무엇을 하더라도 진지한 그의 태도는 모든 사람의 모범 이다.)

⇨ 人の話はもっと真剣に聞くものだ。

(다른 사람의 이야기는 더욱 진지하게 들어야 한다.)

12) 見(み)つめる : 응시하다, 물끄러미 바라보다.

⇨ 相手の顔をじっと見つめて話します。

(상대방의 얼굴을 지그시 바라다보며 말합니다.)

⇨ みんなは田中さんのすることをじっと見つめている。

(모든 사람은 다나카 씨가 하는 것을 물끄러미 바라다보고 있다.)

13) しっかり(と) : 단단히, 굳건히, 꾁.

⇨ 何事(なにごと)でも基礎(きそ)がしっかりしていないとだめになる。〔使い分け〕

(무슨 일이라도 기초가 튼튼하지 않으면 안 된다.)

⇨ あの人はしっかりしている人だ。

(저 사람은 성실한 사람이다.)

⇨ 台風が来るそうだから飛ばされないようにしっかりとしばりつけてください。

(태풍이 온다니까 날아가지 않도록 꼭 붙들어 매어 주세요.)

14) 見開(みひ)らく : 눈을 크게 뜨다.

⇨ 閉(と)じていた目を見開らいた。

(감았던 눈을 크게 떴다.)

⇨ 見開らいていて泥棒(どろぼう)にやられた。

(눈을 뜨고 도둑을 맞았다.)

⇨ 怒(おこ)ったり脅(おど)かしたり, あるいはびっくりした時に, 大きく目を見開らく。〔yp〕

(화를 내거나 위협하거나 혹은 놀랐을 때 크게 눈을 뜬다.)

15) 抜(ぬ)け出(で)る : 빠져 나오다, 우뚝 솟아나다, 뛰어나다.

⇨ ごった返(がえ)すやじうまの群(むれ)からやっと抜け出る。

(법석대는 구경꾼들 틈에서 겨우 빠져 나온다.)

⇨ 深刻(しんこく)な状況(じょうきょう)を抜け出るためには, 長期低迷 (ちょうきていめい)をもたらした構造的な問題を解決することが重要である。〔yp〕

(심각한 상황을 빠져나오기 위해서는 오래 동안 혼미를 초래한 구조적인 문제를 해결하는 것이 중요하다.)

⇨ クラス中で数学が抜け出てよくできる。

(반에서 수학을 뛰어나게 잘한다.)

16) 培(つちか)う : 가꾸다, 기르다, 배양하다.

⇨ 苗木(なえぎ)を大事につちかう。

(묘목을 소중히 가꾸다.)

⇨ 人に負(ま)けない精神力(せいしんりょく)をつちかう。

(남에게 지지 않는 정신력을 기르다.)

⇨ 青年(せいねん)の心に愛国心(あいこくしん)をつちかう。

(청년들 마음속에 애국심을 배양하다.)

17) 立(た)ちはだかる : 막아서서 방해하다. (= 立ちふさがってじゃまをする)

⇨ 人前(ひとまえ)にたちはだかる。

(남의 앞을 가로막다.)

⇨ 多くの障害(しょうがい)がたちはだかっていた。〔表現〕

(많은 장애가 가로놓여 있었다.)

⇨ 試練(しれん)がたちはだかってもみんなで力合(ちからあ)わせれば必ず進んで行けるよ。

(시련이 가로막혀 방해가 되더라도 다같이 힘을 합하면 반드시 앞으로 나아갈 수 있어.)

18) 乗(の)り越(こ)える : 타고 넘다, 극복하다.

⇨ 坦根(かきね)をのりこえてはいけない。

(울타리를 넘어서는 안 된다.)

⇨ 彼は貧乏(びんぼう)と病苦(びょうく)をのりこえて大発明(だいはつめい)を成(な)し遂(と)げた。

(그는 가난과 병고를 극복하고 대 발명을 이룩했다.)

19) 退屈(たいくつ)だ : 따분하다, 지루하다. (「退屈する」로도 사용)

⇨ うちにいても退屈なのでその辺まで散歩に行ってこよう。〔使い分け〕

(집에 있어도 심심하니까 그 근방까지 산책하러 갔다 오자.)

⇨ 映画はたいへん面白かったので終わりまで退屈しませんでした。

(영화가 매우 재미있어서 끝까지 지루하지 않았습니다.)

20) しごく(至極) : (～だ, Av) 더 없다, (부사적으로) 극히, 아주 (= きわめて), ～しごくだ(대단히 ～하다)

⇨ 彼は同じ質問をしきりにして人を迷惑(めいわく)しごくにする。

(그는 같은 질문을 자꾸 해서 남을 대단히 귀찮게 한다.)

⇨ 彼女が私を嫌がるのは残念(ざんねん)しごくだ。

(그녀가 나를 싫어한다는 것은 너무나 유감스럽다.)

⇨ 中村が試験に合格したのはしごくもっともだ。

(나까무라가 시험에 합격한 것은 지극히 당연하다.)

21) 一役(ひとやく)買う : (자진해서) 한 가지 역할을 맡다, 한몫하다.

⇨ 町の清掃運動(せいそううんどう)には, ぼくたちも一役買って奉仕(ほうし)した。

(거리 청소운동에는 우리도 자진해서 역할을 맡아 봉사했다.)

⇨ お茶に豊富(ほうふ)に備(そな)わっているビタミンCもまたその分解(ぶんかい)に一役買うため, お茶は二日酔(ふつかよ)いの予防(よぼう)に効果的(こうかてき)なのです。〔yp〕

(차에 풍부하게 들어 있는 비타민C도 또한 그 물질의 분해에 한몫하기 때문에, 차는 숙취예방에 효과적입니다.)

22) 愚(おろ)かだ : 어리석다, 바보스럽다.

⇨ おろかな人ではないんだが, わが子のことになるとおろかにもなるんだね。

(어리석은 사람은 아닌데, 제 자식의 일이면 바보도 되는 거로군.)

⇨ この商売(しょうばい)をやめるなんて, おろかな考えだね。

(이 장사를 그만둔다니 어리석은 생각인데.)

23) 追(お)い払(はら)う : 쫓아 버리다, 내쫓다.

⇨ この犬は何度追い払ってもついてくる。

(이 개는 몇 번이나 쫓아도 따라온다.)

⇨ 警官隊(けいかんたい)はデモ隊(たい)を追い払った。

(경찰대는 데모대를 내쫓았다.)

24) 上達(じょうたつ)する : (학문 기술 등이) 숙달되다, 향상되다.

⇨ なんの苦労(くろう)もせずに英語が上達する方法(ほうほう)などというものは, 私自身は効果(こうか)が出たためしはありません。〔yp〕

(어떠한 노력도 하지 않고 영어를 향상시키는 방법 따위는 나는 효과를 본 일은 없습니다.)

25) よちよち(と) : 아장아장.

⇨ 小さい子どもたちがよちよちと歩くのはかわいいものだ。

(어린아이들이 아장아장 걷는 것은 귀엽기만 하다.)

⇨ 長男(ちょうなん)のユウタが 1 歳(いっさい)の誕生日を迎(むか)え, 公園をよちよちと歩き始めた頃のことです。〔yp〕

(장남 유우타가 한살 생일을 맞아 공원을 아장아장 걷기 시작했을 때의 일입니다.)

[1-2]

본문

この第三の金言を選んだ人は多いが，この人たちはこんなふうにも言っている。「自分を知り，自己と和合する術をおぼえるのです。自分が他人に与える影響を知ると同時に，新しい経験にむかって自分の心を開くことです。とにかく学びなさい。それは楽しいものです。 たとえ[1]傷つくことがあっても，それによって自分を変えることができるし，『活力』を持ち続けていけるからです」と。

アメリカの最高裁判事であったオリバー・ホームズが九十二歳のときのこと，友人が書斎で本を読んでいる彼を見て，たずねた。「何をしていらっしゃるのですか」ホームズ判事は，にっこり[2]して，こう答えた。「頭を鍛えて[3]いるんですよ」

生きよ。愛せよ。学べ。— 読者諸氏も調べてごらんになればわかるが， これらの三つの言葉に賛成する人はかなり多いはずである。だが， ここでもうひとこと別の言葉を捜してもらうとなると，実におもしろい結果が出てくる。 大半の人たちの選択が，金言第三号まではほぼ[4]一致するのだが，四つ目の言葉を選ぶ段になると，意見が完全に割れてしまうのだ。 わたしの若い友人で大変信心深い人は，「信ずることだ」 と言う。科学者が，「探求することだ」と言えば，高名な医師は，「生産することだ」と言う。およそ[5]意見の一致を見ないのである。

今から二，三年前のことになるが，わたしは，アメリカ哲学学会という著名な学者の集まりの夕食会で，スピーチをすることになった。わたしはそこで，会員とその夫人たちに同じ質問をしてみることにしたのである。金言第四号を捜すのにこれほどふさわしい[6]人たちはいないと思ったからだ。

この人たちに一番人気があった言葉は，「考える」だった。もちろん何人かの人たちは，「理解せよ」とか「知れ」といった別の表現を好んだ。[7]

次に選ばれたのは，「与えよ」だった。この言葉に関連するものとしては，「助けよ」，「奉仕せよ」，「分かち合え」[8] などが登場した。続いては，「笑え」が選ばれ，「微笑せよ」，「遊べ」，「楽しめ」といった同じ系列の言葉も出た。

では，第四の金言に何を選ぶか。これは多くの方たちからいただいたおたずねであるが，わたしなら「試みよ」という言葉を選びたい。これはごく[9]ありきたり[10]の言葉で，「よりよいものを求めて努力する」という意味では「大志を抱け[11]」と言ったほうが当たっているかもしれない。だが，今自分が求めて努力していることが，将来かならず現実によりよいものになるかどうかは計りがたい。だから，わたしはやっぱり「試みよ」としておきたいと思う。

生きよ。愛せよ。学べ。考えよ。与えよ。笑え。試みよ ― さて，読者諸氏は，わずか[12]七語でこれ以上の人生訓を与えることができるだろうか。

한자의 読み方

自己(じこ) : 자기, 자신	和合(わごう)する : 화합하다
術(すべ) : 수단, 방법	影響(えいきょう) : 영향
経験(けいけん) : 경험	楽(たの)しい : 즐겁다
傷(きず)つく : 상처 입다	活力(かつりょく) : 활력
持(も)ち続(つづ)ける : 계속 지니다	最高裁(さいこうさい) : 최고 재판소의 약칭
裁判事(さいばんじ) : 재판관	友人(ゆうじん) : 친구
諸氏(しょし) : 여러분	調(しら)べる : 조사하다
賛成(さんせい) : 찬성	探(さが)す : 찾다
結果(けっか) : 결과	選択(せんたく) : 선택
割(わ)れる : 갈라지다	信心深((しんじんぶか)い : 신앙심이 깊다
信(しん)ずる : 믿다	科学者(かがくしゃ) : 과학자
探求(たんきゅう) : 탐구	高名(こうめい) : 고명
生産(せいさん) : 생산	哲学(てつがく) : 철학
学会(がっかい) : 학회	著名(ちょめい) : 저명
夕食会(ゆうしょくかい) : 저녁식사 모임	人気(にんき) : 인기
表現(ひょうげん) : 표현	関連(かんれん) : 관련
助(たす)ける : 돕다	登場(とうじょう) : 등장
続(つづ)く : 계속되다	微笑(びしょう) : 미소
系列(けいれつ) : 계열	大志(たいし) : 큰 뜻
求(もと)める : 구하다	努力(どりょく) : 노력
現実(げんじつ) : 현실	人生訓(じんせいくん) : 인생의 가르침

주해

1) たとえ(たとい)～ても : 가령, 설사, 비록～하더라도

⇨ たとえどんなことがあっても, 考えを変(か)えません。

(설사 어떤 일이 있더라도 생각을 바꾸지 않습니다.)

⇨ たとえどんなにいそがしくても, 約束をわすれてはいけません。

(비록 아무리 바쁘더라도 약속을 잊어선 안됩니다.)

⇨ たとえ遠く離(はな)れてても, 心はいつでも一緒(いっしょ)だよ。〔ld〕

(비록 멀리 떨어져 있지만 마음은 항상 같이 있어.)

2) にっこり(と) : 생긋, 방긋.

⇨ 彼女は観光客(かんこうきゃく)がシャッターを切ると, にっこりとえがおで応(こた)えていた。〔yp〕

(그녀는 관광객이 샷터를 누르면 방긋 웃는 얼굴로 대해 주었다.)

⇨ ほめられて彼はにっこりとほほえんだ。

(칭찬을 받고 그는 방긋 미소를 지었다.)

⇨ 彼は合格(ごうかく)の知らせを聞くと, にっこりわらった。

(그는 합격소식을 듣자 방긋 웃었다.)

3) 鍛(きた)える : 단련하다, 맹렬히 훈련하다.

⇨ 若いときの苦しい生活で, 心身(しんしん)ともに鍛えられた。〔ld〕

(젊었을 때의 고된 생활로, 심신이 모두 단련되었다.)

⇨ 寒さにたえられるように, 皮膚(ひふ)を鍛える。

(추위에 견딜 수 있게 피부를 단련하다.)

⇨ 夜間でも使える公認(こうにん)の陸上競技場(りくじょうきょうぎじょう)をはじめ, サッカー場, 柔(じゅう)・剣道場(けんどうじょう), 冬でも泳げる室内(しつない)プール, 球技場(きゅうぎじょう)のほか, 各学群(かくがくぐん)ごとに体育館(たい

いくかん)やテニスコートがあり，いつでも好きなスポーツで，身体(しんたい)を鍛えることができます。〔yp〕

(야간에도 사용할 수 있는 공인 육상경기장을 비롯하여 축구장, 유・검도장, 겨울에도 수영할 수 있는 실내풀장, 구기장 외에 각 학군마다 체육관이나 테니스코트가 있으며 언제라도 좋아하는 스포츠로 신체를 단련할 수 있다.)

4) ほぼ : 거의, 대개, 대체로.

⇨ 授業もほぼ終わりに近いころ，突然大きな地震(じしん)が襲(おそ)った。

(수업도 거의 마칠 쯤 갑자기 큰 지진이 덮쳤다.)

⇨ ガ-デンハウスまで歩いてほぼ一時間の行程(こうてい)です。

(가든 하우스까지 걸어서 대개 한 시간 거리입니다.)

⇨ 相手の表情(ひょうじょう)からほぼ察(さっ)しがつく。

(상대의 표정에서 대개 짐작이 간다.)

5) およそ : 대강, 대충, 무릇, 일반적으로, 전혀.

⇨ 話ぶりで，およその人柄(ひとがら)がわかる。

(말하는 투로 봐서 대체적인 인품을 알 수 있다.)

⇨ 中国に生息(せいそく)するパンダ，およそ1千頭(せんとう)。

(중국에 살고 있는 팬더, 무릇 1천 마리)

⇨ およそ人間(にんげん)として幸福((こうふく)をねがわぬものはない。

(무릇 인간으로서 행복을 원치 않는 자는 없다.)

⇨ およそ問題(もんだい)にならない話だ。

(전혀 문제가 되지 않는 말이다.)

6) 相応(ふさわし)い : 어울리다.

⇨ 春にふさわしい衣装(いしょう)。

(봄에 어울리는 옷차림)

⇨ 彼は商売(しょうばい)が一番ふさわしい。

(그는 장사가 제일 어울린다.)

⇨ 女性にはレベルにふさわしい香(かお)りを, また男性には間違いのないフレグランスの使用方法を提案(ていあん)する。

(여성에게는 수준에 맞는 향수를 또한 남성에게는 올바른 향수 사용 방법을 제안한다.)

7) 好(この)む : 좋아하다, 즐기다, 바라다.

⇨ 日本人はなぜ貯蓄(ちょちく)を好むのか。

(일본인은 왜 저축을 좋아하는가?)

⇨ このむとこのまざるとにかかわらず, 彼はそれをしなくてはならない。

(좋아하든 안 하든 관계없이 그는 그것을 해야 된다.)

⇨ ワイン愛好家(あいこうか)は余韻(よいん)よりも果実味(かじつみ)を好む。〔yp〕

(와인애호가는 여운보다도 과실 맛을 좋아한다.)

⇨ 人間と密接(みっせつ)な関係にあったハトはどうして人工建造物(じんこうけんぞうぶつ)を好むのでしょうか？ そこにはきちんと理由(りゆう)があるのです。〔yp〕

(인간과 밀접한 관계가 있었던 비둘기는 왜 인공건조물을 좋아하는 걸까? 거기에는 반드시 이유가 있습니다.)

8) 分(わか)ち合(あ)う : 서로 나누어 가지다. (= わかちもつ, わけあう)

⇨ 喜びも悲しみも分かち合って生きてきたその老夫婦(ろうふうふ)には, 穏(おだ)やかな安(やす)らぎがあった。

(기쁨도 슬픔도 함께 나누고 살아온 그 노부부에게는 온화한 평온함이 있었다.)

cf) 分(わか)つ : 가르다, 구분하다.

⇨ 生徒(せいと)を四組(よんくみ)にわかつ。

(학생을 네 조로 나누다.)

⇨ 彼は昼夜(ちゅうや)わかたずねっしんに勉強をします。

(그는 밤낮을 가리지 않고 열심히 공부를 합니다.)

⇨ 色盲(しきもう)テストは赤色(せきしょく)と緑色(りょくしょく)でわかつ。

(색맹테스트는 빨강과 녹색으로 구분한다.)

9) 極(ごく) : 극히, 대단히(= もっとも, きわめて, 極上(ごくじょう)의 약어)

⇨ ごく早い時間に適切な治療(ちりょう)をあたれば完治(かんち)する病気だ。

(극히 빠른 시간에 적절한 치료를 받으면 완치하는 병이다.)

⇨ 煮(に)たてた湯(ゆ)にごく少量(しょうりょう)のさとうと油を加(くわ)えます。

(끓인 물에 극히 소량의 설탕과 기름을 넣습니다.)

10) 在(あ)り来(き)たり : (N) (본래부터 있는 것, 보통으로 있는 것) 흔히 있음. (= 在来の, ありふれた)

⇨ ありきたりの方法(ほうほう)では, 人は集まらない。〔表現〕

(재래식 방법으로는 사람이 모이지 않는다.)

⇨ ありきたりのじょうだんはもうたくさんだ。

(흔해 빠진 농담은 이젠 질렸다.)

⇨ 在り来たりな毎日の中で在り来たりな幸(しあわ)せを空想(くうそう)した。〔yp〕

(흔한 매일 매일의 일상생활에서 흔한 행복거리를 공상했다.)

11) 抱(いだ)く : (팔, 가슴에) 안다, 껴안다, 마음에 지니다, 품다.

⇨ あの女の人は赤ちゃんをいだいている。

(저 여자는 아기를 안고 있다.)

⇨ 自然(しぜん)の懐(ふところ)にいだかれる。

(자연의 품에 안기다.)

⇨ 少年(しょうねん)よ, 大志(たいし)をいだけ。

(소년이여! 큰 뜻을 품어라.)

⇨ ご注文(ちゅうもん)いだく前に必ずお読み下さい。

(주문하시기 전에 반드시 읽어 주십시오.)

cf) 抱(だ)く : 안다, 품다. (「いだく」의 「い」가 생략된 말)

⇨ その子供は人形をだいてねている。

(그 아이는 인형을 안고 자고 있다.)

⇨ かわいい赤ちゃんですね。 ちょっとだかせてください。 〔ld〕

(귀여운 아기군요. 좀 안아 볼까요.)

12) わずか : (副, Av) 조금, 약간, 불과, 간신히, 겨우, 사소함.

⇨ 金はごくわずかしか持っていない。

(돈은 조금밖에 갖고 있지 않다.)

⇨ ここまで来れば駅まではもうわずかだ。

(이곳까지 왔다면 역까지는 조금이다.)

⇨ わずか(の)四日間(よっかかん)の旅行。

(불과 4일간의 여행.)

⇨ わたしの父が死んだとき, わたしはわずか五つだった。

(아버지가 돌아가셨을 때 나는 불과 다섯 살이었다.)

⇨ わたしの家族は, わたしの少ない給料でわずかに生活している。

(내 가족은 나의 작은 급료로 간신히 생활하고 있다.)

⇨ わずかに身(み)をもって逃(に)げた。

(겨우 몸만 빠져 나왔다.)

⇨ 十(とお)あったりんごが, わずか一つしか残(のこ)っていない。 〔ld〕

(열 개 있었던 사과가 겨우 하나밖에 남아있지 않다.)

⇨ 男は, わずかのことでおこってはいけない。

(남자는 사소한 일로 화를 내면 안된다.)

연습문제

＊ 上の本文の内容をよく読んで次の問いに日本語で簡単に答えなさい。

(問1) やがてくる二十一世紀の若者に，ひとことアドバイスを与えることができるとしたら， 何と言ったものだろうか。とりわけよく耳にしたのを選ぶとしたら何がいいのだろうか述べなさい。

(問2) 第二の金言は，あらゆる愛をさす。 具体的にはどのような「愛」があるか。そして，この金言の場合，もっとも大切なことは何か。

(問3) 第三の金言は，「学べ」だ。「学ぶこと」の真意は何か齲を挙げて述べなさい。

(問4) 上の三つの金言の以外にも，何が挙げられるのか答えなさい。

제2장

ストレスを克服する法

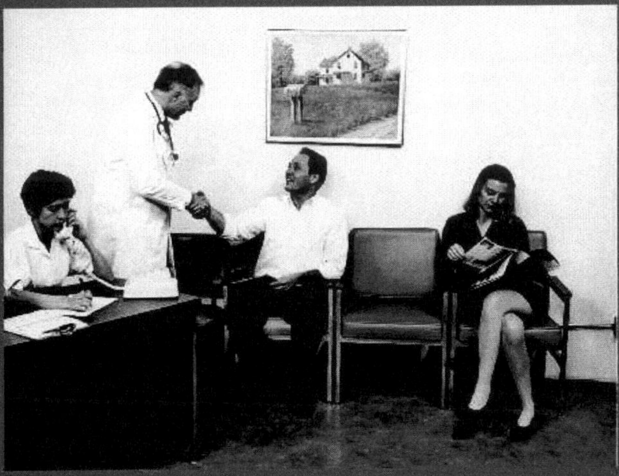

精神科医とのストレス相談

《第2章》

ストレスを克服する法

[2-1]

본문

問　ベック博士，ストレスとは[1]そもそも[2]どういうことなのでしょうか？

答　精神医学の実際面では，ストレスは大きく二つの型[3]に分けられています。一つは「損失」に伴う[4]ストレスで，たとえば恋人や職をなくした[5]とか，[6] 望みが高すぎて[7]失敗し自尊心が傷つけられたとかいうときに起こるものです。もう一つは「恐れ」に伴うストレスで，個人の地位，目標，健康，安全などについての心配から起こります。こういったストレスの兆候としては，憂うつ状態，あるいは[8]不安，または[9]その両者が同時に表われます。

問　人の一生のあいだに，特にストレスを受けやすいといった時期がありますか?

答 どの時期にも，それぞれ固有のストレスがあるのです。子供のころには，自分の家族や学校で要求されることに対処しなければなりません。先生のパーソナリティー(人格)や仲間たちに自分を適合させていくというのも，大きなストレスの原因になりえます。それはのちの青年期の若い男女の関係から起こる問題と同じものなのです。それから，大学にはいれば学問上のストレスや，どういう職業を選ぶべきかという悩みが出てきます。大学を出ると，ほとんど[10)]の人の出会う[11)]のが結婚に伴ういろいろな問題です。これも重大な場合には，早々に[12)]離婚するというところ[13)]までいくこともあります。子供を生むということも，女性には重くのしかかって[14)]きます。男は男で，職業についてしばらくすると問題が出てきます。

問 それぞれの段階で，ストレスの表われ方はどのように違いますか?

答 ストレスの外的要素がどうあろうと,[15)] 実際の表われ方は変わらないようです。人間はどうやら,[16)] 問題に対する反応にも個性があるらしく，妄想，不安，飲酒，その他さまざまな反応をみせます。

問　潰瘍もその反応の一つですか?

答　そうです。潰瘍はどの段階にも表われうる兆候です。子供にさえ見られます。でも，潰瘍になるストレスの典型的な例は，中間層の管理職の人に多く見られます。中間管理職の立場にある人は外部から仕事の圧力を受けるだけではありません。それよりさらに[17]大きいのは，自分の内部に生じてくる，出世しなければならないという圧迫感なのです。りっぱに[18]仕事をやってのけ[19]ようと，自分で自分を絶えず駆り立てる[20]のです。ところが，あるレベルまでうまくいくと，すぐさま自分で目標をさらに引上げる[21]といったぐあいで，どこまでいってもきりがありません。[22]

問　早く結婚して母親になった場合には，どういうストレスがありますか?

答　若い母親は，「差し引き」[23]のバランスがくずれる，[24]とでもいうような状態になります。つまり，学生時代は毎日教師と接触したり，クラブ活動をしたりして気がまぎれ，[25]独身時代はデートなどをしたりして満足していたのに，結婚をして子供が出来ると家事や育児に追われ，[26]得るものよりも与えるほうが多くなるというわけです。しかもこのころになると，夫のほうは仕事で忙しく，妻にはほんのわずか[27)]のささえ[28)]にしかなってやれなくなるのです。

한자의 読み方

精神(せいしん) : 정신
実際面(じっさいめん) : 실제면
恋人(こいびと) : 애인
望(のぞ)み : 희망
自尊心(じそんしん) : 자존심
恐(おそ)れ : 두려움
地位(ちい) : 지위
健康(けんこう) : 건강
心配(しんぱい) : 염려, 걱정
憂(ゆう)うつ : 우울
不安(ふあん) : 불안
表(あら)われる : 나타나다
固有(こゆう) : 고유
対処(たいしょ) : 대처
仲間(なかま) : 동료, 친구
原因(げんいん) : 원인
男女(だんじょ) : 남녀
問題(もんだい) : 문제
職業(しょくぎょう) : 직업
悩(なや)み : 고민
離婚(りこん) : 이혼
女性(じょせい) : 여성
段階(だんかい) : 단계
外的(がいてき) : 외적
反応(はんのう) : 반응, 潰瘍(かいよう)
妄想(もうそう) : 망상
典型(てんけい) : 전형
管理職(かんりしょく) : 관리직
外部(がいぶ) : 외부
内部(ないぶ) : 내부
出世(しゅっせ) : 출세
絶(た)える : 끊어지다
医学(いがく) : 의학
損失(そんしつ) : 손실
職(しょく) : 직업
失敗(しっぱい) : 실패
傷(きず)つける : 상처 입다
個人(こじん) : 개인
目標(もくひょう) : 목표
安全(あんぜん) : 안전
兆候(ちょうこう) : 징후, 조짐
状態(じょうたい) : 상태
両者(りょうしゃ) : 양자
時期(じき) : 시기
要求(ようきゅう) : 요구
人格(じんかく) : 인격
適合(てきごう) : 적합, 적응
青年期(せいねんき) : 청년기
関係(かんけい) : 관계
学問上(がくもんじょう) : 학문상
選(えら)ぶ : 선택하다
重大(じゅうだい) : 중대
生(う)む : 낳다
重(おも)い : 무겁다
表(あら)われ方(かた) : 표현방식, 징후
要素(ようそ) : 요소
個性(こせい) : 개성
飲酒(いんしゅ) : 음주
中間層(ちゅうかんそう) : 중간층
立場(たちば) : 입장
圧力(あつりょく) : 압력
生(しょう)じる : 생기다
圧迫感(あっぱくかん) : 압박감
接触(せっしょく) : 접촉

活動(かつどう) : 활동　　満足(まんぞく) : 만족
家事(かじ) : 가사　　育児(いくじ) : 육아
得(え)る : 얻다　　与(あた)える : 주다.
夫(おっと) : 남편　　妻(つま) : 아내

주해

1) ～とは : ～라는 것은.

⇨ 人間とは, ことばをもった動物であるということができる。

(인간이란 언어를 가진 동물이라 할 수 있다.)

⇨ あなたのおっしゃる「あれ」とはいったい何ですか。

(당신이 말씀하신「저것」이란 도대체 무엇입니까?)

2) そもそも : 처음, 원래.

⇨ それがそもそもいけない。

(그것이 애초부터 잘못이다.)

⇨ そもそもこの事件(じけん)は人種問題(じんしゅもんだい)に端(たん)を発する。

(원래 이 사건은 인종문제에서 발단한다.)

3) 型(かた) : 물건의 꼴, 틀, 형태.

⇨ 洋服をつくりたいのですが, いま流行(りゅうこう)の型はどんなのですか。

(양복을 만들고 싶은데, 지금 유행하는 형은 어떤 것입니까?)

⇨ 結婚式(けっこんしき)で型にはまったあいさつをする。

(결혼식에서 틀에 박힌 인사를 한다.)

4) 伴(ともな)う : 데리고 가다, 동반하다, 동시에 발생시키다.

⇨ 彼は家族を伴って旅行に出た。

(그는 가족을 데리고 여행을 떠났다.)

⇨ 権利(けんり)には責任(せきにん)が伴うべきだ。

(권리에는 책임이 동반되어야 한다.)

⇨ 不摂生(ふせっせい)には病気(びょうき)がともなう。〔類語〕

(건강에 주의하지 않으면 병이 따른다.)

5) 無(な)くす : 잃다, 없애다.

⇨ きのう電車の中で財布(さいふ)を無くしてしまったらしい。

(어제 전차 안에서 지갑을 잃어버린 모양이다.)

⇨ 悪い癖(くせ)を早く無くそうと思う。

(나쁜 버릇을 빨리 없애려고 한다.)

cf) 亡(な)くす : 사별하여 잃다.

⇨ 戦争(せんそう)で三人も子どもを亡くしてしまった。

(전쟁에서 아이를 셋이나 잃어버렸다.)

6) とか : (예를 들 때) ～라든가, (들은 말이 사실인지 아닌지 불확실할 때) ～던가, ～을까.

⇨ あまり勉強ばかりしないで, 時々さんぽするとかスポーツをするとかしないと, 病気になりますよ。

(너무 공부만 하지 말고 때때로 산책이라든가 스포츠를 한다 든가 하지 않으면 병이 납니다.)

⇨ 試験があるとかないとか言って学生が教室でさわいでいる。

(시험이 있을까 없을까 하면서 학생이 교실에서 떠들고 있다.)

7)「A・Av의 어간, N+すぎる」: 지나치게～하다.

⇨ かみの毛が長すぎるから, みじかく切ってください。

(머리카락이 너무 기니까 짧게 잘라 주세요.)

⇨ あなたはたばこを吸(す)いすぎるから，胃(い)が悪くなるのです。〔ld〕

(당신은 담배를 너무 많이 피우기 때문에 위가 나빠지는 것입니다.)

8) あるいは : 또는, 혹시나.

⇨ フランス語あるいはドイツ語を勉強したいと思っています。

(프랑스어 또는 독일어를 공부하고 싶어요.)

⇨ あるいはご存じかと思ってお聞きしたのですが。

(혹시나 알고 계신가하고 여쭙는 것입니다만.)

9) または : 또는.

⇨ 人からほめられたら，「ありがとうございます」と言う。 または「どういたしまして」と答えてもよい。

(남에게 칭찬 받으면 「감사합니다」라고 말한다. 또는 「천만에요」라고 대답해도 좋다.)

10) ほとんど : 대부분, 거의, 하마터면.

⇨ 貿易なしではほとんどの国が生(い)き残(のこ)れない。

(무역 없이는 대부분의 나라가 생존 할 수 없다.)

⇨ その建物(たてもの)はもうほとんどできあがっている。

(그 건물은 거의 완성되어 있다.)

⇨ ほとんどたおれそうだった。

(하마터면 넘어질 뻔했다.)

11) 出会(であ)う : 우연히 만나다, 겪다.

⇨ 子どもがはじめてであう絵本(えほん)。

(어린이가 처음 만나는 그림책.)

⇨ 道ばたでであう虫たち。

(길가에서 만나는 곤충들.)

⇨ 交通事故に<u>であって</u>, やくそくの時間におくれてしまった。

(교통사고를 당해서 약속시간에 늦어버렸다.)

⇨ 山の中でくまに<u>出会って</u>, びっくりして逃(に)げてきた。

(산 속에서 곰과 마주쳐서 깜짝 놀라서 도망쳐 왔다.)

12) 早々(そうそう)に : 서둘러서, 부랴부랴.

⇨ 明日<u>早々に</u>会を開くつもりです。

(내일 서둘러서 모임을 열 예정입니다.)

⇨ お<u>早々に</u>おこしください。

(조속히 찾아와 주십시오.)

⇨ <u>早々に</u>飯を食って出かける。

(부랴부랴 밥을 먹고 나갔다.)

13) ところ : 장소, 부분, 점, 것.

⇨ これはかわいた<u>ところ</u>におくほうがいい。

(이것은 마른 곳에 두는 편이 좋다.)

⇨ 必要な<u>ところ</u>にまるをつけてください。

(필요한 부분에 동그라미를 기입해 주세요.)

⇨ わたしが知っているのはだいたいこんな<u>ところ</u>です。

(내가 알고 있는 것은 대체로 이런 점입니다.)

⇨ 食べている<u>ところ</u>を写真にとらえた。

(먹고 있는 것을 사진 찍었다.)

14) 伸(の)しかかる : 짓누르다, 덮치다.

⇨ 個人的(こじんてき)な心配事(しんぱいこと)が彼女の心に<u>のしかかっ</u>ていた。

(개인적인 걱정거리가 그녀의 마음을 무겁게 짓누르고 있었다.)

⇨ 頭から<u>のしかかる</u>ような態度(たいど)をする。

(처음부터 짓누를 듯한 위압적인 태도를 하다.)

⇨ 相手(あいて)にのしかかる。

(상대방을 덮쳐누르다.)

⇨ 責任(せきにん)が重(おも)くのしかかる。

(책임이 무겁게 짓누르다.)

15) どうあろうと : 어쨌든, 하여간, 여하튼. (= とにかく)

⇨ どうあろうと急ぐことが先決(せんけつ)だ。

(어쨌든 빨리 서두르는 것이 선결 문제다.)

cf) 「あろう」의 「う」는 추량이 아니라 「~(よ)うと ~(よ)うと」 「~(よ)うが~まいが」의 형과 같이 「~でも~でも」(「~든~든」)의 뜻.

⇨ 雨が降ろうが降るまいが予定どおり出かける。

(비가 내리든 안내리든 예정대로 출발한다.)

⇨ 煮(に)て食おうと焼(や)いて食おうと, 君の勝手(かって)だ。

(삶아 먹든 구워 먹든 자네 마음이다.)

16) どうやら : (「どうやら~らしい」 「どうやら~ようだ」의 꼴로, 「확실히 알지 못하지만」) 어쩐지, 아마, (아직 충분하지 않으나) 그럭저럭, 간신히.

⇨ どうやらあしたは雨らしい。

(어쩐지 내일은 비가 올 것 같다.)

⇨ わたしの説明であの人はどうやら納得(なっとく)したらしい。

(나의 설명으로 저 사람은 아마 납득한 모양이다.)

⇨ 一か月5万円あれば, どうやら生活(せいかつ)ができます。

(1개월에 5만엔 있으면 그럭저럭 생활할 수 있습니다.)

⇨ 朝寝坊(あさねぼう)をしたが, どうやら遅刻(ちこく)しないですんだ。

(늦잠을 잤지만 간신히 지각은 하지 않게 되었다.)

17) さらに : 더욱, 다시금, 조금도

⇨ 彼は最近, 前よりさらに悪くなった。

(그는 최근 전보다 더욱 나빠졌다.)

⇨ 試験の範囲を, さらに4ページふやした。

(시험범위를 다시 4쪽 늘였다.)

⇨ もう一度考えなおす必要はさらにない。

(한 번 더 생각을 고칠 필요는 조금도 없다.)

18) 立派(りっぱ)だ : 훌륭하다, 우수하다.

⇨ 家を建(た)て直(なお)したらりっぱになりました。

(집을 고쳐지었더니 훌륭하게 되었습니다.)

⇨ 会議(かいぎ)で自分の意見(いけん)を主張(しゅちょう)した時の山田さんの態度(たいど)は立派だった。〔現代〕

(회의에서 자신의 의견을 주장했을 때의 야마다 씨 태도는 훌륭했다.)

⇨ 服部(はっとり)さんは大学を立派な成績(せいせき)で卒業しました。

(핫토리 씨는 대학을 우수한 성적으로 졸업했습니다.)

19) ～て退(の)ける : 훌륭히～해 치우다, 거리낌 없이～하다.

⇨ 彼はむずかしい仕事をやすやすとやってのけた。

(그는 어려운 일을 손쉽게 해 치웠다.)

⇨ 悪口(わるくち)を面前(めんぜん)で言って退ける。

(면전에서 거리낌 없이 욕설을 해 버리다.)

cf) 退(の)ける : (어느 장소에서 딴 곳으로) 옮기다, 치우다.

⇨ 邪魔物(じゃまもの)をのける。

(방해물을 옮기다.)

⇨ 机をのけて部屋の掃除(そうじ)をする。

(책상을 치우고 방 청소를 한다.)

20) 駆(か)り立(た)てる : 몰아세우다, 강제로 가게 하다. (= urge on)

⇨ 国民(こくみん)を戦争(せんそう)への道にかりたてる有事法制(ゆうじほうせい)に反対(はんたい)する。〔yp〕

(국민을 전쟁의 길로 몰고 가는 유사법제에 반대한다.)

⇨ 不安(ふあん)は人間(にんげん)を行動(こうどう)に駆り立てる。〔yp〕

(불안은 인간을 행동으로 몰고 간다.)

cf) 駆(か)る : (가축 따위를) 몰다, 강제로 시키다.

⇨ 笛(ふえ)を吹(ふ)きながら牛もかって羊(ひつじ)もかっている。〔ld〕

(피리를 불면서 소도 몰고 양도 몰고 있다.)

⇨ 愛車(あいしゃ)をかって現場(げんば)へ行った。

(애지중지하는 차를 몰고 현장으로 갔다.)

21) 引(ひ)き上(あ)げる : 끌어올리다, 인상하다, 승진시키다.

⇨ 沈没船(ちんぼつせん)を引き上げた。

(침몰한 배를 인양했다.)

⇨ 料金がまた引き上げられた。

(요금이 또 인상되었다.)

⇨ 彼の地位(ちい)を引き上げた。

(그의 지위를 승진시켰다.)

22) 切(き)りがない : 한이 없다, 끝이 없다.

⇨ 欲(よく)を言えばきりがない。

(욕심을 말하면 한이 없다.)

⇨ おばさんの話(はなし)はきりがない。

(아줌마의 이야기는 끝이 없다.)

23) 差(さ)し引(ひ)き : 공제.

⇨ 収入(しゅうにゅう)から支出(ししゅつ)を差し引きする。

(수입에서 지출을 공제하다.)

⇨ 給与(きゅうよ)の差し引き支給額(しきゅうがく)は次のようである。〔yp〕

(급여의 공제지급액은 다음과 같다.)

⇨ 潮(しお)は一定(いってい)のじかんにさしひきする。

(조수는 일정한 시간에 찼다 빠졌다 한다.)

24) 崩(くず)れる : 흐트러지다, 무너지다.

⇨ このかざりものは少し形がくずれてしまったようですね。

(이 장식품은 모양이 조금 흐트러진 것 같군요.)

⇨ 雨が毎日ふりつづいたので, 山みちがくずれてしまいました。

(비가 매일 계속 내렸기 때문에 산길이 무너져 버렸습니다.)

25) 気(き)が紛(まぎ)れる : 시름을 잊다.

⇨ 忙(いそが)しさに気がまぎれる。

(바빠서 시름이 잊혀지다.)

⇨ 心が疲(つか)れぎみの方も気軽(きがる)にメールを下さい。 少しは気が紛れるかも。〔yp〕

(마음이 피곤하신 분도 부담 갖지 말고 메일 주십시오. 조금은 잊어 버릴지도 몰라요.)

cf) 紛(まぎ)れる : 뒤섞이어 알 수 없다, 헷갈리다,
(딴 것에 마음을 빼앗겨서) 시름을 잊다.

⇨ 書類(しょるい)が紛れないようにする。

(서류가 뒤섞이지 않도록 하다.)

⇨ 遊びに紛れて辛(つら)さを忘れる。

(노느라고 잠시 고통을 잊다.)

26) ～に追(お)われる：～에 쫓기다.

⇨ 毎日仕事に追われて休むひまがない。

(매일 일에 쫓겨서 쉴 틈이 없다.)

cf) 追(お)う：쫓다.

⇨ この犬は追っても追っても，なかなか逃(に)げません。

(이 개는 쫓아도 쫓아도 좀처럼 도망가지 않습니다.)

27) ほんのわずか：정말로 적은 모양, 조금의.

⇨ ほんのわずかな時間のちがいで汽車にのれなかった。

(약간의 시간차로 기차를 탈 수 없었다.)

cf) ほんの：(連体) 그저 명색뿐인, 정말 그 정도밖에 못되는. (뒤의 의미를 제한하여 강조)

⇨ ほんの組末(そまつ)な品(しな)。 (그저 변변찮은 물건.)

⇨ ほんの名(な)ばかり。 (그저 이름뿐.)

⇨ ほんの少し。 (아주 조금.)

⇨ 田中さんとはほんのちょっとした知合(しりあ)いです。

(타나카 씨와는 그저 조금 알고 지낼 뿐입니다.)

28) 支(ささ)える：지탱하다. [ささえ：(명사형) 받침, 버팀, 기둥]

⇨ あの病人は，人に体をささえられながら歩いている。

(저 환자는 남에게 몸을 기대면서 걷고 있다.)

⇨ 風で木がたおれないように，棒(ぼう)でささえてある。

(바람에 나무가 쓰러지지 않도록 막대로 떠받치고 있다.)

[2-2]

본문

問 若い妻たちは，夫をつなぎ止めて[1]おくことができるかどうかと悩むものでしょうか?

答 悩みますね。しかもその悩みを絶えず[2]助長するのが統計です。統計によると，結婚後のどの時期でも，離婚率はどんどん[3]高くなってきていますからね。

問 夫婦はお互いにがまんし合わ[4]なければならないというのが当然のこととされていた時代のほうが，男女とも，結婚生活のストレスによく対処できたのではないでしょうか?

答 以前は，結婚生活はひとりでに[5]成り立っていくものだという，素朴な — そしておそらく現実的な — 信念があったのです。いまはそうはいきません。[6] 問題が表われたとみると，いまの人たちは結婚カウンセラーをたずねるよりも先に弁護士に相談しようとします。自分たちの内なる[7]困難に立ち向かう[8]力があるかどうか，ためそうともしないのです。

問 耐え[9]ようとしないというその現象は，われわれが経験しているストレスのもっと広い範囲にも当てはまる[10]のでしょうか?

答 そうです。一般的に言って，いまの若い人たちの生活は，親の時代よりもずっと楽に[11]なっています。子供のころも青年時代も，親はそばにいて守ってくれます。昔もそういうことはありましたが，程度が違います。そこで若者たちは，大きな欲求不満に耐えることを学んでいないのです。不安の時期を苦しみながら乗り切って[12]いけるように育てられてもいません。長い逆境に耐えた経験もないのです。つまりそれは，ストレスが高まったときにはどう対処したらよいのかわかっていないということです。

問 うまく対処するには，どういう点に気をつければよいのでしょうか?

答 方法はいろいろありますが，なるべく[13]「ゆとりのある心を持つ」といった，きわめて[14]簡単な方法もあります。孤独に悩む若者がいるとしましょう。孤独は大変つらい，恐ろしいことだ —

こんな悩みを経験しているのはきっと自分ひとりだけなんだ，ああ，どうにもならない，[15] この孤独は永遠に続くのだ，などと考えたりします。ところがもっと年をとってから，もう一度孤独感に襲われるようなことがあった場合には，以前の記憶がよみがえり，[16] 孤独感は結局は消えるものだということをおぼえているので，対処しやすくなるのです。前には誤解や思い過ごしをして問題を悪化させたけれど，こんどはそうならないように注意することができるわけです。

問　もっと年配[17]の人たちの場合はどうでしょう? たとえば中間管理職の人で自分が思っているほど出世できない人は欲求不満に対処する方法を学ぶことができますか?

答　そういう人たちの悩みは，人間の評価というものはどれだけ[18]のことを達成したかによって決まると考えているから，生じてくるのだと思います。仕事に対してもっと健全な態度をとることができれば，— つまり，がんばる[19]のはいいことに違いないが，なにもそれが人生や自己評価の絶対の基準ではないということを経験から学ぶことができれば — 目標をめざして努力するために起こるストレスは減ってくるでしょう。

한자의 読み方

悩(なや)む : 괴로워하다
統計(とうけい) : 통계
離婚率(りこんりつ) : 이혼율
当然(とうぜん) : 당연
結婚生活(けっこんせいかつ) : 결혼생활
成(な)り立(た)つ : 성립되다
現実的(げんじつてき) : 현실적
弁護士(べんごし) : 변호사
困難(こんなん) : 곤란
範囲(はんい) : 범위
欲求不満(よっきゅうふまん) : 욕구불만
逆境(ぎゃっきょう) : 역경
簡単(かんたん) : 간단
余裕(よゆう) : 여유
若者(わかもの) : 젊은이
恐(おそ)ろしい : 무섭다
襲(おそ)われる : 덮치다
記憶(きおく) : 기억
消(き)える : 사라지다
思い過(すご)し : 지나친 생각
注意(ちゅうい) : 주의
達成(たっせい) : 달성
態度(たいど) : 태도
絶対(ぜったい) : 절대
努力(どりょく) : 노력
程度(ていど) : 정도
苦(くる)しい : 괴롭다
助長(じょちょう) : 조장
結婚後(けっこんご) : 결혼 후
夫婦(ふうふ) : 부부
時代(じだい) : 시절
以前(いぜん) : 이전
素朴(そぼく) : 소박
信念(しんねん) : 신념
相談(そうだん) : 상담
現象(げんしょう) : 현상
一般的(いっぱんてき) : 일반적
違(ちが)う : 다르다
高(たか)まる : 높아지다
方法(ほうほう) : 방법
孤独(こどく) : 고독
大変(たいへん) : 매우
永遠(えいえん) : 영원
場合(ばあい) : 경우
結局(けっきょく) : 결국
誤解(ごかい) : 오해
悪化(あっか) : 악화
自己評価(じこひょうか) : 자기평가
健全(けんぜん) : 건전
人生(じんせい) : 인생
基準(きじゅん) : 기준
減(へ)る : (5단) 줄다
育(そだ)てる : 기르다

주해

1) 繋(つな)ぎ止(と)める : 붙잡아 매어두다.

⇨ 犬は鎖(くさり)で繋ぎ止めてください。

(개는 쇠사슬로 붙잡아 매어 두세요.)

⇨ 船をがんぺきに繋ぎ止める。

(배를 안벽에 매어두다)

cf) 繋(つな)ぐ : 매다, 묶다, 잇다.

⇨ ろうやに繋がれる。

(감옥에 묶이다.)

⇨ 弟と手を繋いで散歩した。

(동생과 손을 잡고 산책했다.)

⇨ 山でみちに迷(まよ)い, 水だけで命(いのち)を繋いだ。

(산에서 길을 잃고 물만 먹고 목숨을 보존했다.)

2) 絶(たえ)ず : 늘, 끊임없이.

⇨ 絶えず水が出ている。

(끊임없이 물이 솟아 나오고 있다.)

⇨ 絶えず一生懸命勉強すれば, 少しくらい頭が悪くてもいい成績(せいせき)をとることができる。〔現代〕

(끊임없이 열심히 공부하면 조금 머리가 나빠도 좋은 성적을 낼 수 있다.)

3) どんどん : (副) (순조롭게 진행되는 모양) 자꾸, 척척, 부쩍. (= 勢いがよい様子)

⇨ その国は人口(じんこう)がどんどん増えている。

(그 나라는 인구가 자꾸 증가하고 있다.)

⇨ 気候がいいから，木も草もどんどん伸びて大きくなる。

(날씨가 좋으니까 나무도 풀도 척척 자라서 큰다.)

⇨ 熱心(ねっしん)に練習するからどんどん上手(じょうず)になっていきます。

(열심히 연습하니까 부쩍 숙달되어 갑니다.)

4) 我慢(がまん)し合(あ)う : 서로 참다.

⇨ それに対しては双方(そうほう)ががまんしあうべきだ。

(그것에 대해서는 쌍방이 서로 참아야 한다.)

⇨ 我慢し合うことの大切さを身近(みぢか)に教えることも大切である。〔yp〕

(서로 참아야 하는 소중함을 주변 가까이에 있는 사람에게 가르치는 것도 중요하다.)

cf) 我慢(がまん)する : 참다, 견디다.

⇨ 遊びたいのをがまんして勉強した。

(놀고 싶은 것을 참고 공부했다.)

⇨ もうこれ以上(いじょう)がまんできない。

(이제 더 이상 참을 수 없다.)

cf)「V+合(あ)う」: 서로～하다.

⇨ みんなで話し合って決(き)めよう。

(모두들 서로 얘기를 나누어서 정하자.)

⇨ お互(たが)いに助け合いましょう。

(피차 서로 도웁시다.)

5) 独(ひと)りでに : (副) (자연히 되는 상태) 저절로.

⇨ 止まっていた車がひとりでに動(うご)き始めた。

(서 있던 차가 저절로 움직이기 시작했다.)

⇨ 風もないのに，ろうそくがひとりでに消(き)えた。
(바람도 없는데, 촛불이 저절로 꺼졌다.)

6) そうはいかない：그렇게는 안 된다, 그렇지 않다.
⇨ こうした検討(けんとう)が杞憂(きゆう)に終わることを願(ねが)うが，そうはいかないようだ。
(이러한 검토가 기우로 끝나기를 바라지만 그렇게는 되지 않는다.)
⇨ わたしをだまそうとしてもそうはいかない。
(나를 속이려고 해도 그렇게는 안 된다.)

7) 内(うち)なる：(連語) 내면에 있는.
⇨ 人間はいつも内なる本能(ほんのう)を隠(かく)して生きている。
(인간은 항상 내면에 있는 본능을 숨기고 살고있다.)
⇨ 彼は内なる悩(なや)みをけっして人にみせたがっていないだろう。
(그는 내면에 있는 괴로움을 결코 남에게 보여주고 싶어하지 않을 것이다.)

8) 立(た)ち向(む)かう：마주 대하다, 당면(직면)하다, 맞서다, 향하다.
⇨ 輸入開放(ゆにゅうかいほう)において韓国政府は難局(なんきょく)に立ち向かっている。
(수입개방에 있어서 한국정부는 난국에 직면하고 있다.)
⇨ 敵(てき)の攻撃(こうげき)があっても退(しりぞ)かず，正面(しょうめん)から立ち向かうぞ。
(적의 공격이 있어도 물러나지 않고 정면으로 맞설 테다.)

9) 耐(た)える：견디다, ~ 할만하다.
⇨ 人間とはさまざまな痛みに耐えながら成長(せいちょう)するものである。〔現代〕
(인간이란 여러 가지 아픔을 견디면서 성장하는 법이다.)

⇨ 今度は高温(こうおん)に耐える壁に建て直しました。

(이번에는 고온에 견디는 벽으로 개축했습니다.)

⇨ 素人楽団(しろうとがくだん)だというので期待していなかったが，その演奏(えんそう)は充分(じゅうぶん)鑑賞(かんしょう)に耐えるものだった。〔yp〕

(아마추어 악단이라 하여 기대하지 않았는데 그 연주는 충분히 감상할만 하였다.)

10) あてはまる(当て嵌まる)：들어맞다, 적용되다.

⇨ 君の場合はこの規則(きそく)には当てはまらない事故だ。

(자네의 경우는 이 규칙에는 적용되지 않는 사고다.)

⇨ その条件(じょうけん)はわたしに当てはまる。

(그 조건은 나에게 적용된다.)

11) 楽(らく)だ：(Av) 편안하다, 안락하다, 용이하다, 쉽다.

⇨ 人はだれでも楽な暮(く)らしがしたいと思っている。

(사람은 누구라도 편안한 생활을 하고 싶다고 생각한다.)

⇨ 針(はり)の治療(ちりょう)を受けたら楽になった。

(침 치료를 받았더니 몸이 편해졌다.)

⇨ 大きなベッドで寝ることは楽だ。

(큰 침대에서 자는 것은 편안하다.)

⇨ 一日(いちにち)十ページは楽だ。

(하루 10페이지는 문제없다.)

12) 乗(の)り切(き)る：(5단) 극복하다.

⇨ この危機(きき)を乗りきれば前途(ぜんと)は明るい。

(이 위기를 극복하면 앞길은 밝다.)

⇨ 全国民が一致団結(いっちだんけつ)して不況(ふきょう)を乗り切る。

(전 국민이 일치단결하여 불황을 극복한다.)

13) なるべく : (副) 되도록, 될 수 있는 대로, 될 수 있는 한.

⇨ この手紙になるべく早く返事(へんじ)をいただきたいと思います。

(이 편지에 대해 되도록 빨리 답장을 주셨으면 합니다.)

⇨ 夏は生の食べ物をなるべく食べないように気をつけています。

(여름에는 날 음식물을 되도록 먹지 않도록 조심하고 있습니다.)

14) きわめて : 극히, 지극히.

⇨ これはきわめて重要な問題であるから, 以下これについて詳(くわ)しく述べることにする。

(이것은 지극히 중요한 문제니까 이하 이에 대해 상세히 진술하기로 한다.)

⇨ 相手の態度(たいど)はきわめて協力的(きょうりょくてき)であった。

(상대방의 태도는 매우 협력적이었다.)

15) どうにもならない : (連語) 어찌 할 도리가 없다.

⇨ 人間の力ではどうにもならない。

(인간의 힘으로는 어찌 할 도리가 없다.)

⇨ この大都市(だいとし)の大気汚染(だいきおせん)はどうにもならない。

(이 대도시의 대기오염은 어찌할 도리가 없다.)

⇨ どうにもならない人だ。

(어찌할 도리가 없는 사람이다.)

16) よみがえる(蘇る) : (5단) 되살아나다, 소생하다.

⇨ この雨で草木(くさき)がよみがえったようだ。

(이 비로 인해 초목이 되살아난 것 같다.)

⇨ 写真を見ているうちにあのときの苦しい思(おも)い出(で)がよみがえった。

(사진을 보다가 그 때의 고생스러운 추억이 되살아났다.)

⇨ 春になると万物(ばんぶつ)がよみがえるかのようだ。

(봄이 되면 만물이 소생하는 것 같다.)

17) 年配(ねんぱい) : 연배, 중년.

⇨ 四十年配の男。 (40세쯤 되어 보이는 사나이)

⇨ 年配の紳士。 (중년의 신사)

⇨ わたしと同じ年配の人。 (나와 동년배인 사람)

⇨ 年配の方によくある症状(しょうじょう)。 〔yp〕

(중년 분에게 잘 있는 증상.)

⇨ 電車の中で, 年配の方に座席(ざせき)を譲(ゆず)ろうとした時, 「年寄(としよ)り扱(あつか)いをされた」と逆(ぎゃく)に怒ってしまう方がいます。〔yp〕

(전차 안에서 중년의 분에게 양보하려 했을 때「노인 취급당했다」고 반대로 화를 내버리는 분이 있습니다.)

18) どれだけ : 얼마만큼, 얼마나.

⇨ 記念切手(きねんきって)をどれだけ集めましたか。

(기념우표를 얼마만큼 모았습니까?)

⇨ この問題に関心をもっている人がどれだけあるだろうか。

(이 문제에 관심을 가지고 있는 사람이 얼마나 있을까?)

19) 頑張(がんば)る : 열심히 하다, 분발하다, 힘껏 하다.

⇨ あきらめないでがんばれば, きっと夢を実現(じつげん)できるよ。

(포기하지 않고 열심히 하면 꼭 꿈을 이룰 수 있어.)

⇨ かなり疲(つか)れたががんばってとうとう頂上(ちょうじょう)まで登った。

(상당히 지쳤으나 분발하여 드디어 정상까지 올라갔다.)

⇨ 頑張れ 韓国！ (이겨라! 한국)

頑張れ MATSUI! (힘내라! 마츠이)

[2-3]

본문

私なら，このように「心にゆとりのない」管理職の人に対しては，ただがんばりすぎるな,[1] と言ってやりますね。 それから， さまざまなレクリエーションを勧めます。その人の社会的地位や収入に応じて，ボウリングやテニスをやってもいいし，庭いじりや休暇旅行に出かけるのもいいでしょう。こういうことに気持が向けば,[2] 生活のバランスが回夏し，見通し[3]も明るくなってくるものです。

ストレスに悩んでいる場合困るのは，その人が自分の置かれている状態を客観視できないことです。 精神科医やカウンセラーに話すだけでも，いくらか距離をおいて自分を見ることができるようになり，対処するすべ[4]を見つけられることが珍しくないのです。

問 特定の外的要素によってストレスが生じる場合，それは比較的突きとめ[5]やすく扱いやすいことなのでしょうか?

答 必ずしもそうとは限りません。 外的要素といっても， ゆっくりと変化して，何かのはずみ[6]で明るみ[7]に出てやっと[8]わかる，というようなものもあるのです。 一つ例をあげてみましょう。

夫の愛情が以前ほどではなくなったと思って抑うつ状態に陥っていた女性がいました。ひょっとしたら[9]ほかに女がいるのではないか，という疑いもあったのです。でも夫は否定するし，私もたいして[10]その女性の力になってはあげられませんでした。ところが[11]ある日，夫が本当に自分を裏切って[12]いたことを彼女は知りました。ことが明るみに出て，二人が徹底的に話しあったあとは，彼女も問題に立ち向かうことができるようになりました。私も前よりずっと効果的な助言を与えることができ，数週間で彼女は抑うつ状態を乗越えられた[13]のです。

問 子供が成人してから[14]陥る抑うつ状態や不安に備えるために，親は何かしてやれるでしょうか?

答 子供に愛情を傾ける[15]のはいいことに違いありませんが，それだけでは十分ではありません。常子供たちに必要な愛情が最小限に満たされる[16]だけでも，まっすぐに強く育つ子も多いのです。子供たちに必要なのは，若いうちにさまざまな問題に立ち向かい，それに対処するすべを学ぶ機会なのです。そのとき，親が早まって[17]手を貸したりすれば，問題に対する子供の忍耐心の発達がさまたげられ,[18] 問題解決の能力を身につける[19]障害にもなりかねません。[20]

問 家族のだれかがストレスで悩み，はた[21]ではわかるのに自分ではそれに気がついて[22]いないとしたら，その人をまず精神科医のところへ連れて[23]いくのがいいのでしょうか?

答　そんなことはしないほうがいいと思います。ふつうの医師に健康診断をしてもらうのが最も賢明なやり方だと思います。そうすれば患者は，自分の心の悩みや感情を医師に話す機会が得られます。医師は一般的な助言を与えることができますし，患者のほうは自分でよく考えてみたり，あるいは友人や年長者などの意見を参考にしたりするなどして,その医師の助言の足りない[24)]ところを補う[25)]こともできます。

精神科医にかから[26)]なければならないのは，そういう段階にあってもなんの反応をみせないような，もっと重症の場合だけなのです。*[An Interview with Aaron T. Beck, M.D.]*

한자의 読み方

社会的(しゃかいてき) : 사회적
応(おう)じる :～에 응하다
休暇旅行(きゅうかりょこう) : 휴가 여행
見通(みとお)し : 전망
精神科医(せいしんかい) : 정신과 의사
珍(めずら)しい : 드물다, 신기하다
比較的(ひかくてき) : 비교적
明(あか)るみ : 밝은 곳
疑(うたが)い : 의심, 혐의
否定(ひてい) : 부정
徹底(てってい) : 철저
数週間(すうしゅうかん) : 수주간
最小限(さいしょうげん) : 최소한
学(まな)ぶ : 배우다
貸(か)す : 빌려주다
発達(はったつ) : 발달
能力(のうりょく) : 능력
健康診断(けんこうしんだん) : 건강진단
感情(かんじょう) : 감정
年長者(ねんちょうしゃ) : 연장자
参考(さんこう) : 참고
収入(しゅうにゅう) : 수입
庭(にわ)いじり : 취미로 정원을 가꿈
回復(かいふく) : 회복
客観視(きゃっかんし) : 객관시
距離(きょり) : 거리
特定(とくてい) : 특정
変化(へんか) : 변화
愛情(あいじょう): 애정
抑うつ状態(よくうつじょうたい) : 억울 상태
裏切(うらぎ)る : (5단) 배신하다
助言(じょげん) : 조언
備(そな)える : 준비하다
日常(にちじょう) : 일상
機会(きかい) : 기회
忍耐心(にんたいしん) : 인내심
解決(かいけつ) : 해결
障害(しょうがい) : 장해
賢明(けんめい) : 현명
友人(ゆうじん) : 친구
意見(いけん) : 의견
重症(じゅうしょう) : 중증

주해

1) 「N・V+過(す)ぎ」: (N) (시간・정도가) 지나침.

⇨ もう三時過ぎだから, おなかが空(す)いた。

(벌써 세시가 넘어서 배가 고팠다.)

⇨ あの人は若(わか)く見えますがもう五十過ぎだそうです。〔表現〕

(저 사람은 젊어 보이지만 벌써 50이 넘었답니다.)

⇨ 火(ひ)の元(もと)は何回(なんかい)も注意してもし過ぎではない。〔yp〕

(불이 있는 곳은 여러 번 주의해도 지나치지 않는다.)

⇨ 酒の飲み過ぎが原因(げんいん)でからだをこわした。

(술의 과음이 원인으로 몸에 탈이 났다.)

2) 気持(きもち)が向(む)く : 마음이 쏠리다, 마음이 내키다.

⇨ 青年(せいねん)の時, 遊び, 娯楽(ごらく), こういうことに気持が向けば見こみがありません。〔現代〕

(청년시절 놀기나 오락, 이러한 것에 마음이 쏠리면 장래에 희망이 없습니다.)

⇨ 実際バイト先(さき)や学校, 職場(しょくば)で気になる人が出来(でき)たら, その人のほうに気持が向くと思う。〔yp〕

(실제로 아르바이트 장소나 학교, 직장에서 신경 쓰이는 사람이 있으면 그쪽으로 마음이 쏠릴 것이다.)

3) 見通(みとお)し : 전망, 예측. (「お見通しの〜꼴」: 꿰뚫어 봄)

⇨ 霧(きり)で見通しがきかない。

(안개로 앞이 보이지 않는다.)

⇨ 政府(せいふ)の景気対策(けいきたいさく)は見通しがあまい。

(정부의 경기대책은 낙관적이다.)

⇨ おまえの手口(てぐち)は全部お見通しだ。

(너의 수법은 전부 간파했다.)

4) すべ(術) : 방법, 방도. (= しかた, 手段). * 어원 : 「すべき方法」

⇨ 医師(いし)も施(ほどこ)すすべがない。

(의사도 손 쓸 방도가 없다.)

⇨ 筆(ふで)を持つすべを知らない叔父(おじ)はおそらく口の達者(たっしゃ)の人であった。〔夏目漱石, 明暗〕

(붓을 잡는 방법을 모르는 아저씨는 아마도 달변가였다.)

5) 突(つ)きとめる : 규명하다, 밝혀내다, 찾아내다.

⇨ 失敗(しっぱい)した原因(げんいん)を突きとめる。

(실패한 원인을 규명하다.)

⇨ 警察(けいさつ)は犯人(はんにん)の居所(いどころ)を突きとめた。

(경찰은 범인이 있는 곳을 알아냈다.)

6) 弾(はず)み : 탄력, 여세, 가락, 추세, 그 순간.

⇨ ボールのはずみが悪い。

(공이 잘 튀지 않는다.)

⇨ 仕事(しごと)にはずみがつく。

(일에 가락이 붙다. 일이 잘 되다.)

⇨ はずみがついてどんどん得点(とくてん)した。

(신이 나서 자꾸 득점하였다.)

⇨ その時のはずみでそう決まったのだ。

(그때의 추세로 그렇게 된 것이다.)

⇨ 倒(たお)れたはずみに頭を打(う)った。

(넘어지는 순간 머리를 쳤다.)

⇨ 彼は自転車をよけようとしたはずみに溝(みぞ)に落(お)ちた。〔ld〕

(그는 자전거를 피하려는 순간 도랑에 빠졌다.)

7) 明(あか)るみ : 밝은 곳, 드러난 곳, 공개된 곳.

⇨ 急(きゅう)に明るみへ出たので目が眩(くら)んだ。

(갑자기 밝은 곳으로 나와 눈이 부셨다.)

⇨ 事件(じけん)の真相(しんそう)が明るみに出た。

(사건의 진상이 세상에 드러났다.)

⇨ こういう悪いことは明るみに出して，ほかの人が繰(く)り返(かえ)さないようにするほうがいい。〔現代〕

(이런 나쁜 일은 공개하여 다른 사람이 되풀이하지 않도록 하는 것이 좋다.)

cf) 明(あか)るむ : 밝아지다.

⇨ 東(ひがし)の空が明るむ。

(동쪽 하늘이 밝아지다.)

⇨ 画面(がめん)がゆっくりと明るむと，やがて地平線(ちへいせん)に最初の光が射(さ)し始めた。〔yp〕

(화면이 천천히 밝아지자 이윽고 지평선에 최초의 빛이 비치기 시작했다.)

⇨ 竹の声に道(どう)を悟(さと)り，桃の花に心明るむ。〔yp〕

(대나무소리에 도를 깨 닦고, 복숭아꽃에 마음이 밝아진다.)

8) やっと : 겨우, 드디어, 결국, 간신히.

⇨ 三時間(さんじかん)もかかってやっと宿題(しゅくだい)ができた。

(3시간이나 걸려서 겨우 숙제를 했다.)

⇨ いろいろな字引(じび)きを調(しら)べ，やっとわかった。

(여러 가지 사전을 찾아보고 드디어 알았다.)

⇨ 昨日(きのう)の試合(しあい)は五対(たい)四でやっと勝(か)ちました。

(어제 시합은 5대 4로 결국 이겼습니다.)

⇨ やっと手が届(とど)くところにリンゴが一つ生(な)っている。

(간신히 손닿는 곳에 사과 하나가 열렸다.)

9) ひょっとしたら : 어쩌면, 혹시나. (문말에는 반드시 「～かもしれない」가 나옴.)

⇨ ひょっとしたら試験にパスするかもしれない。

(어쩌면 시험에 합격 할 지도 모른다.)

⇨ ひょっとしたらまだお目にかかれるかも知れないと思ってやって来ました。

(혹시나 뵐 수 있을지 하고 찾아왔습니다.)

10) 大(たい)して : (뒤에 부정 수반) 그다지, 별로.

⇨ 大して勉強しなかったのに良い大学に入(はい)れた。

(별로 공부하지 않았는데도 좋은 대학에 들어갈 수 있었다.)

⇨ あなたの病気は大してひどくありませんから二, 三日寝ていればなおるでしょう。

(당신의 병은 그다지 심하지 않으니 2, 3일 누워있으면 나을 것입니다.)

11) ところが : 그러나, 그런데.

⇨ この事件は簡単に解決(かいけつ)すると思われていた。 ところが一年経(た)った今なお, 捜査(そうさ)は難航(なんこう)をつづけている。

(이 사건은 간단히 해결될 것으로 생각했다. 그러나 1년이 지난 지금까지 여전히 수사는 난항을 계속하고 있다.)

⇨ 晴(は)れていたので洗濯(せんたく)をしました。 ところが急(きゅう)に雨が降り出しました。

(날씨가 개여 있었기에 세탁을 했습니다. 그런데 갑자기 비가 오기 시작했습니다.)

12) 裏切(うらぎ)る : (5단) 배신하다, (예상, 기대에) 어긋나다.

⇨ かれを裏切るようなことはしない。

(그를 배신하는 일 따위는 않는다.)

⇨ 敵(てき)に通(つう)じて味方(みかた)を裏切った。

(적과 내통하여 아군을 배반했다.)

⇨ 勝負(しょうぶ)の結果(けっか)は予想(よそう)を裏切った。

(승부의 결과는 예상을 뒤엎었다.)

13) 乗越(のりこ)える : (他下1) 타고 넘다, 극복하다.

⇨ 自動車は歩道(ほどう)を乗越えて民家(みんか)にぶつかった。

(자동차는 보도를 타고 넘어가 민가에 부딪혔다.)

⇨ 泥棒(どろぼう)は高い塀(へい)を乗越えて忍(しの)び込(こ)んだ。

(도둑은 높은 담을 타고 넘어서 잠입했다.)

⇨ 大変換期(だいへんかんき)の日本経済, 今をどう乗越えるか -- 企業経営(きぎょうけいえい)への提言(ていげん)と今後(こんご)の課題(かだい) 〔경제 강연회 제목〕

(대변환기의 일본경제, 지금을 어떻게 극복할까? -- 기업경영에의 제언과 금후의 과제)

14) 成人(せいじん)する : 성인이 되다.

⇨ 言うまでもなく, 二十歳になったら自動的に成人するのではありません。 また, 自由に酒が飲め, たばこが吸えるのが成人でもないのです。 成人するとは, 人と成る, 即(すなわ)ち, 人間として成長(せいちょう)·成熟(せいじゅく)していくことがその実質(じっしつ)でしょう。 〔yp〕

(말할 필요도 없이 이십 세가 되면 자동적으로 성인이 되는 것이 아닙니다. 또한, 자유로이 술 마시고 담배 피울 수 있는 것이 성인이 아니에요. '成人する'란, 사람으로 된다 즉, 인간으로서 성장·성숙해 나가는 것이 그 실질적인 뜻이죠.)

15) 傾(かたむ)ける : 마시다, 기울이다, 쏟다.

⇨ 大分(だいぶ)ウイスキーを傾けたらしい。

(꽤 위스키를 마신 것 같았다.)

⇨ 瓶(かめ)を傾けコップにジュースをつぎました。

(병을 기울여 컵에 주스를 따랐습니다.)

⇨ 教育(きょういく)に心を傾ける。

(교육에 마음을 쏟다.)

⇨ 心を傾けて勉強すればもっと成績(せいせき)がよくなるでしょう。

(공부에 마음을 쏟으면 더욱 성적이 좋아질 것입니다.)

16) 満(み)たす : 만족시키다, 채우다.

⇨ 国はすべての人の要求(ようきゅう)を満たすことはできない。

(나라는 모든 사람의 요구를 만족시킬 수 없다.)

⇨ 父が金魚(きんぎょ)を買ってくるので, 庭の小さな池に水を満たしておいた。

(아버지가 금붕어를 사 오시기 때문에 정원의 작은 연못에 물을 채워두었다.)

17) 早(はや)まる : 빨라지다, 서둘러 그르치다, 경솔한 짓을 하다.

⇨ 期日(きじつ)が早まる。

(기일이 빨라지다)

⇨ 早まって意味を取(と)りちがえる。

(속단하여 뜻을 잘못 이해하다.)

⇨ 早まった事(こと)をしてくれるな。

(경솔한 짓을 하지 말아다오.)

18) 妨(さまた)げる : 방해하다, 지장을 주다.

⇨ 夏は夜の睡眠(すいみん)をさまたげる。

(여름에는 밤 수면을 방해한다.)

⇨ 会長(かいちょう)が二回以上再任(さいにん)するのを妨げない。

(회장이 2회 이상 재임을 해도 무방하다.)

19) 身(み)に付(つ)ける : 몸에 익히다.

⇨ この分だと英会話を身につけるには, 一年以上はかかる。

(이대로 가면 영어회화를 익히는 데는 일년 이상은 걸린다.)

⇨ 未来(みらい)を切(き)り開(ひら)く力を身につける。〔yp〕

(미래를 개척해나가는 힘을 기른다.)

⇨ 管理職(かんりしょく)が身につけるべきマネジメント・スキル。〔yp〕

(관리직이 몸에 익혀야 할 경영기술.)

⇨ 兄は再就職(さいしゅうしょく)するために何か技術(ぎじゅつ)を身に付けたいと言っている。

(형은 재취직하기 위하여 뭔가 기술을 익히고 싶다고 말하고 있다.)

20) 「V의 用 + かねる」: (접미어)～할 수 없다, ～기 어렵다.

⇨ 残念(ざんねん)ながらお引(ひ)き受(う)けいたしかねます。

(유감스러운 일이지만 맡을 수 없습니다.)

⇨ 基本的(きほんてき)に賛同(さんどう)しかねますが。

(기본적으로 찬동할 수 없습니다만.)

⇨ 商品(しょうひん)の性質上(せいしつじょう)返金(へんきん)は致(いた)しかねますので予(あらかじ)めご了承(りょうしょう)ください。〔yp〕

(상품의 성질상 환불은 하기 어려우므로 사전에 양해바랍니다.)

cf) 兼(か)ねる : 겸하다.

⇨ 田中先生は英語の先生とコンピューターの先生を兼ねている。

(다나카 선생님은 영어 선생님과 컴퓨터 선생님을 겸하고 있다.)

⇨ 墓参(はかまい)りを兼ねて田舎(いなか)へ帰(かえ)った。

(성묘를 할 겸 고향으로 돌아갔다.)

21) はた(傍) : 곁, 옆(사람).

⇨ 働(はたら)くことは, はたの人を楽(らく)にさせること。〔yp〕

(일하는 것은 옆 사람을 편안하게 하는 것)

⇨「はたの人」とは, 自分の周囲(しゅうい)にいる人という意味(いみ)です。〔yp〕

('옆 사람'이란 자기주위에 있는 사람을 뜻합니다.)

⇨ はたから口を出(だ)すな。

(옆에서 참견하지 마라.)

22) 気(き)がつく : 깨닫다, 제정신이 들다.

⇨ 気がついたら, 外はもう暗くなった。

(정신을 차리고 보니 밖은 이미 어두워 졌다.)

⇨ ふと気が付くと長男(ちょうなん)は6歳になっていて, きりっとした「少年(しょうねん)」になっている。〔yp〕

(문득 정신을 차려보니 장남은 여섯 살이 되어 있고 나도 모르게 든든한 소년이 되어있었다.)

⇨ 気が付くと8月が終(おわ)っている。〔yp〕

(문득 정신이 들고 보니 벌써 8월이 끝나고 있다.)

23) 連(つ)れる : 함께 가다, ~와 더불어 하다.

⇨ 子どもを連れて買(か)い物(もの)に行きます。

(아이를 데리고 물건을 사러 갑니다.)

⇨ 犬を散歩(さんぽ)に連れて行ってください。

(개를 데리고 산책가세요.)

⇨ 月日(つきひ)がたつに連れていやなことは忘れてしまいました。

(세월이 지남에 따라 좋지 않았던 일은 잊어버렸어요.)

24) 足(た)りない : 모자라다, 부족하다.

⇨ お互(たが)いに足りない所を補(おぎな)って仕事(しごと)しましょう。

(서로 부족한 점을 보충하여 일합시다.)

⇨ 仕事(しごと)が多くて人手(ひとで)が足りない。

(일이 많아 손이 모자란다.)

25) 補(おぎな)う : 메우다, 보충하다.

⇨ もう少し言葉を補わなければ, 意味(いみ)がよくわかりません。

(조금 더 말을 보충하지 않으면 의미를 잘 알 수 없습니다.)

⇨ 性格(せいかく)がよいということが顔が醜(みにく)いという欠点(けってん)を補っています。

(성격이 좋은 점이 얼굴 못생긴 결점을 보충하고 있습니다.)

26) かかる : 掛かる → 기대다, 걸리다.

罹る　→ 병에 걸리다, 재난을 당하다.

架かる → 가설되다, 놓이다.

⇨ 老年(ろうねん)は次男(じなん)に掛かる。〔yp〕

(노년에는 차남에게 기댄다.)

⇨ 原因不明(げんいんふめい)の病気に罹ったのですぐに医師にかからなければならない。〔yp〕

(원인 불명의 병에 걸렸으므로 곧 의사에게 진찰을 받지 않으면 안 된다.)

⇨ 屋根(やね)にはしごがかかる。

(지붕에 사다리가 걸쳐있다.)

⇨ 川には木の橋が架かっていますが, 怖(こわ)くて渡れそうもありません。〔yp〕

(강에는 나무다리가 놓여져 있습니다만, 무서워서 건널 수 없을 것 같아요.)

연습문제

＊上の本文の内容をよく読んで次の問いに日本語で簡単に答えなさい。

(問1) ストレスとは，そもそもどういうことなのであるか述べなさい。

(問2) 人の一生のあいだに，特にストレスを受けやすいといった時期はあるのか。 また，あるとすればどのような質問によるストレスがあるのかを述べなさい。

(問3) ストレスの表われ方は，どうであるか述べなさい。

(問4) 中間層の管理職の人に多く見られる，ストレスの表われ方は何か。 彼らはなぜストレスを多く受けるのか述べなさい。

(問5) 結婚後，妻が若くして母親になった場合には，どういうストレスがあるのか述べなさい。

(問6) 昔の人と現代人との結婚観は違っている。 どう異なっているか述べなさい。

(問7) 若者たちは，大きな欲求不満に耐えることを学んでいない。　なぜであるか述べなさい。

(問8) ストレスにうまく対処するには，どういう点に気をつければよいのか述べなさい。

(問9) 中間管理職の人は欲求不満をどう対処すればよいのか述べなさい。

(問10) 子供が成人してから陥る抑うつ状態や不安に備えるために，親は何をしてやればよいのか述べなさい。

제3장

なぜ大学へ行かなきゃならないの

1927年に建てられた, 早稲田大学大隈講堂の時計塔

《第3章》

なぜ大学へ行かなきゃならないの[1]

[3-1]

본문

二年前のある秋の夜のこと，十七歳になる娘マギ–がふと[2]口にした[3]質問 — 思えばそれがその翌年のわが家を大きくゆさぶる[4]ことになったのだった。そのころ，高校のクラスメ–トはみな大学進学のことで頭がいっぱいなのに，娘はこう言ったものである。「大学に行く必要なんて[5]あるのかしら?[6] 来年になったら大学に進学しなけりゃならないなんて法律でもあるの? 来年はわたし，ほかのことをやってみたいのよ」

夫も私も，子供に物事を押しつけ[7]たりはせずに，理性的な親であろうと努めてきた。冷静な，論理的な態度で，新しい考えにも十分理解を持って対処してきたつもりだった。だがそれでも，マギ–の言葉はショックだった。一家の中に「浪人[8]」が出るなどとは，考えたこともなかったからだ。そのうちいささか[9]腹が立って[10]きた。私たち夫婦は懸命に働いて，娘が十分大学に行けるだけのところまで育ててやったのではないか。それなのにいまになって，当の娘がその特権はほしくないなどと言いだしたのだ。

あとからよく考えてみると，私はどうやら[11]自分の都合や娘に対する期待で頭がいっぱいだったのではないかと，われながら[12]情けない[13]気もする。そうではなくて，対等な立場の，完全に独立した，ひとりの成人した娘の正当な言い分[14]を聞いているのだと思わなければならなかったのだ。事実マギ－は十七歳で，もうりっぱなおとなだったし，たちが無理じい[15]して大学に行かせるわけにはいかなかった[16]のである。そこで，自分から進んで浪人しようという娘の希望どおりにすることにした。

私たちはあきらめはしたものの,[17] 心配せずにはいられなかった。幼稚園から大学卒業までの長い道程から一度はずれて[18]しまっても，またもとの道に戻れるものなのだろうか。いや，そもそも[19]再び戻りたいと思うだろうか。それに，ありあまる[20]ほどの時間をかかえて，娘はいったいどうしようというのだろうか。

こういった疑問に対する回答は，その一年間が過ぎ去った[21]いまとなってみれば，私にもいろいろと思い浮かべる[22]ことができる。それを私は，マギ－がとった一年の休暇のあいだ身近に[23]いたからばかりではなく，代表的な二十一の大学の関係者に会ったり，多くの報告書等を読みあさったり,[24] 他の親たちと語りあったりして学んだのだった。その結果私が知りえたことを次に記してみることにしよう —。

授業で得られないこと　高校卒業後一年休みをとるというのは，なにもマギ－が新しく考え出したことではなく，アメリカ中にどんどん[25]

広がっている傾向なのである。いまこの瞬間にも，大学の一年生であるはずの学生が十万人近くも休んでいるのだ。新入生のためのオリエンテーションに出席するかわりに，旅行したり，働いたり，そのほか実にさまざまな活動を行なっているのである。それはたとえば，ニューメキシコ州で記録映画をとるとか，スーパーマーケットで肉を包んだり，フランス人の家庭に住み込んで[26]子供たちの世話をし[27]ながら本場のフランス語を学んだり，オーストラリアの羊の牧場で働いたり，インディアンの子供たちのために，またその子供たちと協力して劇を上演したり，帆船を建造したりしているのである。

한자의 読み方

娘(むすめ) : 딸
わが家(や) : 우리 집
法律(ほうりつ) : 법률
物事(ものごと) : 일, 여러 일
努(つと)める : 노력하다
論理的(ろんりてき) : 논리적
対処(たいしょ) : 대처
夫婦(ふうふ) : 부부
十分(じゅうぶん) : 충분히
当(とう)の娘(むすめ) : 당사자인 딸
都合(つごう) : 사정
情(なさ)けない : 한심하다
立場(たちば) : 입장
独立(どくりつ) : 독립
正当(せいとう) : 정당
希望(きぼう) : 희망
幼稚園(ようちえん) : 유치원
道程(みちのり) : 과정
回答(かいとう) : 회답, 대답
代表的(だいひょうてき) : 대표적
報告書(ほうこくしょ) : 보고서
学(まな)ぶ : 배우다, 익히다
授業(じゅぎょう) : 수업
～中(じゅう) : 온～(all)
瞬間(しゅんかん) : 순간
出席(しゅっせき) : 출석
記録映画(きろくえいが) : 기록영화
家庭(かてい) : 가정
羊(ひつじ) : 양
協力(きょうりょく) : 협력
翌年(よくねん) : 다음해
進学(しんがく) : 진학
夫(おっと) : 남편
理性的(りせいてき) : 이성적
冷静(れいせい)な : 냉정한
態度(たいど) : 태도
一家(いっか) : 한 가정
懸命(けんめい)に : 열심히
育(そだ)てる : 양육하다
特権(とっけん) : 특권
期待(きたい) : 기대
対等(たいとう) : 대등
完全(かんぜん) : 완전
成人(せいじん)する : 성인이 되다
進(すす)む : 나아가다
諦(あきら)める : 단념하다
卒業(そつぎょう) : 졸업
疑問(ぎもん) : 의문
休暇(きゅうか) : 휴가
関係者(かんけいしゃ) : 관계자
語(かた)る : 말하다
記(しる)す : 기록하다
得(え)る : 얻다, 알다, 깨닫다
傾向(けいこう) : 경향
新入生(しんにゅうせい) : 신입생
旅行(りょこう) : 여행
包(つつ)む : 포장하다, 싸다
本場(ほんば) : 본고장
牧場(ぼくじょう) : 목장
劇(げき) : 극, 연극

上演(じょうえん) : 상연　　　　　帆船(はんせん) : 범선, 돛단배
建造(けんぞう) : 건조

주해

1) ～なきゃ : 「～なければ」「～なけりゃ」의 준말, ～지 않으면.

⇨ 『これでキレイにならなきゃウソよ!』〔美川憲一, 다이어트 건강서〕
(『이렇게 해서 예뻐지지 않으면 거짓말!』)

⇨ '突破(とっぱ)しなきゃ生(い)きられない' 〔한국영화 `02, 6월 개봉〕
('뚫어야 산다')

⇨ 毎週, 知らなきゃ損(そん)する, そして知ってて得(とく)するホームページ情報(じょうほう)をお届(とど)けします。〔yp〕
(모르면 손해보고 알아두면 득 되는 홈페이지 정보를 매주 보내드립니다.)

⇨ 宝(たから)くじに当たろうと思ったら, 宝くじを買わなきゃならない。
(복권에 당첨될 거라 생각되면 복권을 사야한다.)

2) ふと : 문득, 뜻밖에, 갑자기.

⇨ 部隊(ぶたい)から離(はな)れてただ一人, 砂漠(さばく)で大(だい)の字(じ)になって星(ほし)を眺(なが)めていた。ふと気(き)がつくと, 部隊(ぶたい)はどこへ移動(いどう)したのか見当(みあ)たらない。〔yp〕
(부대로부터 떨어져 혼자 사막에 대자로 누워 별을 바라보고 있었다. 문득 정신이 들자, 부대가 어디로 이동했는지 눈에 띄지 않는다.)

3) 口(くち)にする : 말하다, 입 밖에 내다.

⇨ あんな人のことを口にしたのは不愉快(ふゆかい)である。

(저런 사람의 이야기를 입에 올리는 것은 불쾌하다.)

4) 揺(ゆ)さぶる : 흔들다, 동요시키다, 놀라게 하다.

⇨ 木(き)をゆさぶって実(み)を落(お)とす。

(나무를 흔들어 열매를 떨어뜨리다.)

⇨ その事件(じけん)は世間(せけん)をゆさぶった。

(그 사건은 세상을 놀라게 했다.)

5) なんて : 「などと」의 의미로, 「言う」「思う」 등의 말 앞에 온다. 예로 들어 말할때 사용한다. 「たいしたことではない」라고 「경멸」「충고」의 기분을 나타낸다.

⇨ よく考えもしないでわからないなんて言うのは, いけないことだ。

(잘 생각도 하지 않고 모른다 따위로 말하는 것은 안 된다.)

⇨ わたしは山田なんて学生は知りませんね。ほんとうにこの学校の学生ですか。

(나는 야마다 라는 학생은 모릅니다. 정말 이 학교 학생입니까?)

6) かしら : (終助詞) ~일까, ~일지 몰라 (의문).

⇨ この服(ふく), 私に似合(にあ)うかしら。

(이 옷 나한테 어울릴까.)

⇨ なんて言ったらいいのかしら, うまく説明できないけど。［類語］

(뭐라 말하면 좋을지 모르겠어. 잘 설명할 수 없지만.)

7) 押(お)し付(つ)ける : 억누르다, 강압하다, 강제로 시키다, 강요하다.

⇨ 漬(つ)け物(もの)のふたをおしつける。

(김칫독의 뚜껑을 꽉 누르다.)

⇨ 攻撃(こうげき)の手をゆるめず, 相手をかべぎわまでおしつける。

(공격의 손을 늦추지 않고, 상대를 벽에다 밀어붙이다.)

⇨ いやな仕事をおしつける。

(싫은 일을 강제로 시키다.)

⇨ 君の意見(いけん)を他人(たにん)におしつけるな。

(자네의 의견을 남에게 강요하지 말게.)

8) 浪人(ろうにん) :

① 奈良(なら)시대에서 鎌倉(かまくら)시대까지는 '본적지를 떠나 방랑하는 자', 부랑인.

② 室町(むろまち)시대에서 江戸(えど)시대에는 '섬길 주인이 없는 무사'.

③ 일정한 직업이 없는 자.

④ 상급학교에 합격하지 못해 '일시적으로 학적이 없는 자', 재수생.

9) いささか : 적은 것, 조금.

⇨ 財産(ざいさん)のいささかを与(あた)える。

(적은 재산을 주다.)

⇨ 疲労(ひろう)の様子(ようす)などいささかも見えない。

(피로의 기색 따위는 조금도 안 보인다.)

10) 腹(はら)が立(た)つ : 화(가) 나다.

⇨ 彼は腹の立つのをこらえながらいすに腰(こし)をおろした。

(그는 화가 나는 것을 참으면서 걸상에 걸터앉았다.)

11) どうやら : 어쩐지, 간신히, 겨우, 그럭저럭. (=「まだじゅうぶんではないが」「まだ完成ではないが」「たいへんあぶなかったが,やっと」「はっきりわからないが」

⇨ どうやらあしたは雨らしい。

(어쩐지 내일은 비가 올 것 같다.)

⇨ どうやら山は越えた。

(간신히 고비를 넘었다.)

⇨ むずかしいことは話せませんがふだんの会話ぐらいならどうやら通(つう)じます。

(어려운 것은 말할 수 없지만 보통의 회화 정도라면 겨우 통할 수 있습니다.)

⇨ この何日か，風邪(かぜ)の予防(よぼう)にうがい・手洗(てあら)いと一緒(いっしょ)に早寝(はやね)を心がけるようにしたのでどうやら風邪もひかずにすんだ。〔yp〕

(요 며칠간 감기예방으로 양치질・손 씻기와 함께 일찍 잠을 청했기에 그럭저럭 감기에 걸리지 않고 끝났다.)

12) われながら : 나로서도, 나 스스로도

⇨ われながらよかったと思う。

(나 스스로도 잘했다고 생각한다.)

⇨ あんな点数(てんすう)を取るとはわれながらはずかしい。

(그런 점수를 받다니 나 스스로도 부끄럽다.)

13) 情(なさ)けない : 한심하다, 비참하다, 정떨어지다, 인정을 모르다, 무정하다.

⇨ こんなだめな息子(むすこ)に育(そだ)てたとは，われながら情けない。〔現代〕

(이렇게 못나게 아들로 키운 것을 보면 나 스스로 한심하다.)

⇨ マンホールに落ちた犬は，ぬれねずみの情けない姿(すがた)できました。〔現代〕

(맨홀에 빠진 개는 물에 빠진 생쥐의 비참한 모습으로 왔습니다.)

⇨ 人と人とが助(たす)け合(あ)えないなんて，なんと情けない世(よ)の中(なか)になったものだ。〔現代〕

(사람과 사람이 서로 도울 수 없다니 이 얼마나 무정한 세상인가?)

14) 言(い)い分(ぶん) : 주장하고 싶은 말, 불평, 이의(異意), 변명, 구실.

⇨ 相手(あいて)の言い分を尊重(そんちょう)する。

(상대의 주장을 존중하다.)

⇨ 言い分があれば遠慮(えんりょ)なく言いなさい。

(불만이 있으면 거리낌 없이 말하시오.)

⇨ それはちがう。 ぼくの言い分も聞いてくれ。

(그런 게 아니야. 나의 변명도 들어줘.)

15) 無理(むり)じい : (名) 강제, 억지로

⇨ むりじいに酒を飲ませる。

(억지로 술을 먹이다.)

⇨ 本人(ほんにん)が行きたくないのなら, むりじいすることはない。

(본인이 가고 싶지 않으면 억지로 할 것은 없다.)

16) ～わけにはいかない : (이론적인 귀결로서 그렇게) 할 수는 없다.

⇨ その会議(かいぎ)に参席(さんせき)しないわけにはいかない。

(그 회의에 참석하지 않을 수 없다.)

⇨ のどがかわいたからといって水をたくさん飲むわけにはいかない。

(목이 마르다고 해서 물을 많이 마실 수는 없다.)

17) ～ものの, ～ : (연체형에 접속) ～이지만. (= ～のであるが)

⇨ やってみたものの, さっぱりおもしろくない。

(해보기는 했지만 통 재미가 없다.)

⇨ 我慢(がまん)はしたものの, なんともやりきれない。

(참아보기는 했지만 도무지 견딜 수 없다.)

18) 外(はず)れる : (박은 것이) 빠지다, 풀어지다, 빗나가다, 벗어나다.

⇨ 水桶(みずおけ)のたがかはずれて水が流(なが)れ出(で)た。

(물통의 테가 빠져 물이 흘러나왔다.)

⇨ 矢(や)が的(まと)をはずれる。

(화살이 과녁을 빗나가다.)

⇨ 軌道(きどう)をはずれる。

(궤도를 벗어나다.)

⇨ 答(こたえ)がはずれる。

(답이 틀리다.)

19) そもそも : 애초, 처음부터, 도대체.

⇨ 授業をサボるのがそもそもいけない。

(수업을 빼먹는 것이 처음부터 안 된다.)

⇨ そもそも文化祭(ぶんかさい)とは何のために行(おこな)うのか真剣(しんけん)に考えたことがあるのだろうか。

(도대체 문화축제란 무엇을 위하여 하는 것인지 진정으로 생각해 본적이 있는 걸까?)

20) 有(あ)り余(あま)る : 남아돌다, 많이 있다.

⇨ 金がありあまるほどある。

(돈이 남아돌 만큼 있다.)

⇨ あぁ～有り余るお金があったら死ぬまでに一度経験(けいけん)して見たい！

(아 … 돈이 많이 있으면 죽기 전에 한번 경험해 보고 싶구나!)

⇨ その王(おう)さまはありあまるほどの宝(たから)を持っていた。

(그 임금님은 엄청난 보물을 가지고 있었다.)

21) 過(す)ぎ去(さ)る : 통과하다, (시일이) 지나가 버리다.

⇨ 急行列車(きゅうこうれっしゃ)がすぎさった。

(급행 열차가 통과했다.)

⇨ すぎさった事は仕方(しかた)がない。

(지나간 일은 어쩔 수 없다.)

22) 思(おも)い浮(う)かべる : 생각해 내다, 마음속으로 그리다, 회상하다.

⇨ 妹のよろこぶ顔を思い浮かべる。

(누이동생의 기뻐하는 얼굴을 그려본다.)

⇨ 死んだ父のすがたを思い浮かべる。

(돌아가신 아버지의 모습을 회상한다.)

23) 身近(みぢか)だ : 자기 가까이 두다, 자신에게 관계가 깊다.

⇨ 彼の失敗談(しっぱいだん)を聞いたら、急に彼を身近に感じた。

(그 사람의 실패담을 들으니까 갑자기 친근하게 느껴졌다.)

⇨ わたしは和英辞典をいつも身近に置いている。

(나는 일영사전을 늘 가까이에 두고 있다.)

⇨ 老人(ろうじん)は子供時代にみぢかだったものを懐(なつ)かしく思うようになる。

(노인은 어린 시절에 관계가 깊었던 일을 그리워하게 된다.)

24) 読(よ)み漁(あさ)る : (여러 책을 이리저리 뒤지며) 읽다, 섭렵하다.

⇨ いろいろの史書(ししょ)を読み漁る。

(여러 가지 사서를 이리저리 뒤지며 읽다.)

⇨ 小野不由美は高校時代に漫画・アニメ-ション研究会を創設(そうせつ)しているのである。小さい時から, 図書館の本を読み漁る一方, アニメや漫画にも精通(せいつう)していたそうだ。〔yp〕

(고노 후유미는 고교시절 만화 애니메이션 연구회를 창설했다. 어렸을때부터 도서관 책을 섭렵하는 한편 애니메이션이나 만화에도 정통했다고 한다.)

⇨ 何度も読んで筋書(すじが)きを覚えてしまっていても, 何もしないよりはマシだからとにかく読み漁る。〔yp〕

(몇 번이고 읽어서 줄거리가 머리 속에 박히더라도 아무것도 하지 않는 것보다는 나으니까 하여튼 읽어둔다.)

25) どんどん : 척척, 쑥쑥 (순조로운 모양), 부쩍부쩍, 자꾸자꾸, 쿵쿵 (계속 되는 모양)

⇨ 大勢(おおぜい)でやったので, 仕事がどんどんかたづいて, たった30分で終わってしまった。

(많은 사람이 했기 때문에 일이 척척 정리되어 불과 30분에 끝나고 말았다.)

⇨ 若い人たちが山みちをどんどん上(のぼ)っていく。

(젊은 사람들이 산길을 쑥쑥 올라간다.)

⇨ この品物(しなもの)は評判(ひょうばん)がよくて, どんどん売(う)れています。

(이 상품은 평판이 좋아서, 부쩍부쩍 팔리고 있습니다.)

⇨ 雨が降って川の水がどんどん増(ふ)えている。

(비가 와서 강물이 자꾸자꾸 불어나고 있다.)

⇨ 夜中(よなか)にどんどん戸(と)をたたく音でびっくりして目が覚(さ)めた。

(밤중에 쿵쿵 문을 두드리는 소리에 깜짝 놀라 눈을 떴다.)

26) 住(す)み込(こ)む : 더부살이하다, 입주하다.

⇨ 主人(しゅじん)のいえに住み込んではたらく。

(주인집에서 더부살이로 일하다.)

⇨ このレストランには住み込みの料理人(りょうりにん)が五人います。

(이 레스토랑에는 5명의 입주요리사가 있습니다.)

27) 世話(せわ)をする : 시중들다, 보살피다, 일을 소개하다.

⇨ この子どもは世話をする人がいない。

(그 아이는 돌보아 주는 사람이 없다.)

⇨ 就職(しゅうしょく)の世話をする。

(취직을 알선해 주다.)

[3-2]

본문

実際のところ今日では，大部分の教育者たちが，一年休むというこの傾向を認めているばかりか,[1] ある種の若者たちには必要なことだとむしろ奨励までしているのだ。スタンフォード大学の大学関係調整部長のフランク・ニューマンはこう語っている。「教育期間はしだいに[2]長くなってきていて，いまでは，大学卒業までは十六年か十七年も，ただ学校に通う[3]だけで過ごすということになっています。自分のためにも，そして社会のためにも，ときにはその繭の中から外へ出てみたほうがよいでしょう。 押しあいへしあい[4]しながら進むのをやめて，大学の外の人生とはどういうものかを知るのもよいのではないでしょうか」大学の入学事務担当官の中にも，一年の休暇をとった学生は，学校では得られない広いものの見方を身につけることができると考える人が多い。

そして学生のほうにもそう考える者が多いのだ。アンドリア・ラッパンは，一年半休んだあとバークリーのカリフォルニア大学に進み，優等の成績を続けた[5]女性だが，私にこう話してくれた。「学校はとても疲れるところです。あらゆることを完璧にやりとげる[6]ことはまずできない相談ですし，かといって[7]他のことをする時間の余裕もないのです」進学前の休暇中彼女はまずイスラエルのキブツで働き，そのあとはある教師の助手を勤めていた。

なかには入学前ではなく，在学中に一年休む大学生もいる。特に私の記憶にあるのは，自分の大学はあまりにエリート的で孤立していると考えて休学してしまった女子学生である。彼女は自分の政治上の意見を実践に移して[8]みたいと思い，ニューヨークのスラム街の研究・教育グループで働いた。いまは大学に戻って[9]いる彼女はこう語る「ああいう特定の運動に奉仕すると，自分の能力がいかに[10]貧しいものであるかということをいやというほど[11]思い知らされます」いま彼女は教師になるための勉強をしているが，たぶん将来は成人教育に携わる[12]ことになるだろう。

賛否両論　健康面あるいは経済面で問題のある学生の便宜を大学側が計ってやるというのは昔からあったことだが，ただ「何かほかのことをやりたい」からという理由だけで，その学生の籍を一年間保留しておいてやるというやり方は，比較的最近のものである。だがアメリカでは，学生から申し出[13]があれば，特に理由を問いたださずに[14]入学延期を認める学校がどんどんふえてきている。たとえばカリフォルニア大学のある分校では，一年休学する計画が，まるでカリキュラムの一部ででもあるかのように，入学案内に載って[15]いるほどである。それは課外活動のための休学制度と呼ばれ，　新入生だけではなく成績のよい二年以上の学部の学生にも認められている。 そういう学生は，いつでも好きなときに夏学することを保証されているのだ 実施した最初の年，一千人以上の学生がこの制度を利用し，その七八パーセントは初めの計画どおり夏学した。

한자의 読み方

実際(じっさい) : 실제로	大部分(だいぶぶん) : 대부분
教育者(きょういくしゃ) : 교육자	認(みと)める : 인정하다
若者(わかもの) : 젊은이	奨励(しょうれい) : 장려
調整(ちょうせい) : 조정	通(かよ)う : 통하다, 다니다
過(す)ごす : 보내다.	繭(まゆ) : 누에고치
事務(じむ) : 사무	担当官(たんとうかん) : 담당관
見方(みかた) : 견해, 생각	優等(ゆうとう) : 우등
成績(せいせき) : 성적	続(つづ)ける : 계속되다.
完璧(かんぺき) : 완벽	相談(そうだん) : 상담
余裕(よゆう) : 여유	進学前(しんがくまえ) : 진학 전
働(はたら)く : 일하다	助手(じょしゅ) : 조교
勤(つと)める : 근무하다, 노력하다	在学中(ざいがくちゅう) : 재학 중
孤立(こりつ) : 고립	政治上(せいじじょう) : 정치상
実践(じっせん) : 실천	移(うつ)す : 옮기다
スラム街(がい) : 슬럼가	戻(もど)る : 돌아가다
特定(とくてい) : 특정	奉仕(ほうし) : 봉사
能力(のうりょく) : 능력	貧(まず)しい : 가난하다
将来(しょうらい) : 장래	携(たずさ)わる : 관계하다, 종사하다
賛否(さんぴ) : 찬부	健康(けんこう) : 건강
便宜(べんぎ) : 편의	計(はか)る : 헤아리다, 도모하다
籍(せき) : 적(register)	保留(ほりゅう) : 보류
比較(ひかく) : 비교	問(と)い質(ただ)す : 캐묻다
延期(えんき) : 연기	分校(ぶんこう) : 분교
計画(けいかく) : 계획	載(の)る : 실리다
課外(かがい) : 과외	制度(せいど) : 제도
復学(ふくがく) : 복학	保証(ほしょう) : 보증

주해

1) ～ばかりか : ～뿐만 아니라, ～는 물론

⇨ 子供ばかりか大人までこのアイスクリ-ムが好きだ。

(어린이 뿐만 아니라 어른까지 이 아이스크림을 좋아한다.)

⇨ かれは漢字が書けないばかりか, ひらがなもかたかなも書けない。

(그는 한자를 쓸 수 없을 뿐만 아니라 히라가나도 가타가나도 쓸 수 없다.)

2) 次第(しだい)に : 점차로, 차차.

⇨ 午後からしだいに風雨(ふうう)が強くなるでしょう。

(오후부터 점차 비바람이 강해지겠죠.)

⇨ 汽車(きしゃ)は, しだいに遠(とお)ざかって小さくなっていった。

(기차는 차차 멀어져 작아져 갔다.)

⇨ 大雨(おおあめ)がふりつづいたため, 川の水がしだいに増(ま)してきた。

(큰비가 계속 내렸기 때문에 강물이 점차 불어 갔다.)

3) 通(かよ)う : (몇 번이나 같은 장소를) 다니다, (마음이) 전해지다, 통하다

⇨ わたくしは電車で学校に通っています。

(나는 전차로 학교에 다니고 있습니다.)

⇨ この絵には画(えが)いた人の心が通っている。

(이 그림에는 그린 사람의 마음이 전해지고 있다.)

⇨ 宿(やど)の名前は汪泉閣(おうせんかく)という。1950年ころにダムの 工事(こうじ)で道路ができ電気が通うようになる前は, 全(まった)くの秘湯(ひとう)だったそうだ。現在は山奥(やまおく)にありながら団体客(だんたいきゃく)も訪(おとず)れる有名温泉(おんせん)になっている。〔yp〕

(여관 이름은 오센카쿠. 1950년쯤 댐 공사로 도로가 생겨 전기가

통하기 전에는 대단한 비탕이었다고 한다. 현재는 산 속에 있으며 단체객도 찾는 유명온천이 되고 있다.)

4) 押し合い圧し合い(おしあいへしあい) : (N) 서로 밀고 밀리고 하여 붐빔.

⇨ 押し合い圧し合いして改札口(かいさつぐち)を通(とお)り抜(ぬ)ける。

(서로 밀치락달치락 하며 개찰구를 빠져나가다.)

⇨ 生(い)き物(もの)は, 特に人間は喧(やかま)しい。押し合い圧し合いしながら, 美(うつく)しさと醜(みにく)さ, 悪(あく)と正義(せいぎ), 絶望(ぜつぼう)と歓喜(かんぎ), その他いろいろな対称(たいしょう)をごちゃ混(ま)ぜにしながら時の濁流(だくりゅう)に飲(の)み込(こ)まれていく。〔yp〕

(생물, 특히 인간은 시끄럽다. 밀치락달치락 하면서 아름다움과 추함, 정의와 악, 환희와 절망, 그밖에 여러 대칭들을 섞어가면서 시간의 탁류 속으로 휩쓸려 간다.)

5) 続(つづ)ける : 계속하다.

⇨ その先生は3時間も休まずに続けて話しをした。

(그 선생님은 3시간이나 쉬지 않고 계속해서 이야기를 했다.)

⇨ 受話器(じゅわき)を取ってからもう二十分も通話(つうわ)を続けている。

(수화기를 들고 나서 벌써 20분이나 통화를 계속 하고 있다.)

6) 遣(や)り遂(と)げる : 끝까지 해내다, 완수하다.

⇨ 自分一人で遣り遂げなさい。

(자기 혼자서 끝까지 하시오.)

⇨ 何年かかってもこの仕事(しごと)を遣り遂げます。

(몇 년 걸리더라도 이 일을 완수하겠습니다.)

7) かと言(い)って : 그렇다고 해서.

⇨ 体も大事だ。かといって働かないわけにもいかない。

(몸도 소중하다. 그렇다고 해서 일을 하지 않을 수도 없다.)

⇨ もっともな意見(いけん)だと思う。かといって賛成(さんせい)するわけにもいかない。

(지당한 의견이라 생각한다. 그렇다고 찬성할 수도 없다.)

8) 移(うつ)す : (어떤 위치 상태에서) 옮기다, (시간을) 보내다, (병 등을 사람에게) 전염시키다.

⇨ つくえを窓のそばへ移す。

(책상을 창문가로 옮기다.)

⇨ 時を移さず仕事にかかる。

(때를 놓치지 않고 일에 착수하다.)

⇨ 家のものに病気を移すといけないから入院(にゅういん)した。

(집에 있는 사람에게 병을 옮기면 안 되기 때문에 입원했다.)

9) 戻(もど)る : (원래의 장소, 상태로) 돌아가다, (집으로) 돌아오다, (뒤로) 되돌아오다.

⇨ 若い日は二度ともどらない。

(젊은 날은 두 번 다시 돌아오지 않는다.)

⇨ 今日は早くもどってちょうだい。

(오늘 빨리 돌아와 줘.)

⇨ 今来た道を5分ほどもどったら, その家がみつかった。

(지금 왔던 길을 5분 정도 되돌아오니까 그 집이 보였다.)

10) いかに : (문장체) 어떻게, 어떤 식으로, 아무리. (뒤에 「～ても」 동반)

⇨ いかに生きるか。 これは一生(いっしょう)の問題である。

(어떻게 살 것인가? 이것이 일생의 문제다.)

⇨ いかに苦しくてもこの仕事をなしとげなければならない。

(아무리 괴로워도 이 일을 끝까지 해내지 않으면 안 된다.)

⇨ いかに努力しても彼においつくことができない。

(아무리 노력해도 그를 따라잡을 수 없다.)

11) いやというほど : 빼저리게.

⇨ 苦労(くろう)の味はいやというほど知っている。

(고생의 쓴맛을 빼저리게 알고 있다.)

⇨ 地元(じもと)の小松信用金庫(こまつしんようきんこ)に勤(つと)めたんです。そこで金融(きんゆう)とは何かということを, いやというほどたたき込(こ)まれました。〔yp〕

(내가 사는 동네의 고마츠 신용금고에 근무했습니다. 그곳에서 금융이란 무엇인지를 빼저리게 알게 되었습니다.)

12) 携(たずさ)わる : 종사하다, 관계하다.

⇨ 彼女は英語の本を出版する仕事に携わっている。

(그녀는 영어책을 출판하는 일에 종사하고 있다.)

⇨ 父は貿易(ぼうえき)関係の仕事に携わっている。

(아버지는 무역관계의 일에 종사하고 있다.)

13) 申(もう)し出(で) : (N) 신청, 의사표시.

⇨ 辞職(じしょく)したいという彼の申し出は受けたが, 結論はまだ出していない。〔現代〕

(사직하고 싶다는 그의 신청은 받았지만 결론은 아직 나지 않았다.)

cf) 申(もう)し出(で)る : (생각과 희망 등을 상대에게) 말하다, 신청하다.

⇨ 希望者(きぼうしゃ)は今週中(こんしゅうちゅう)に事務所に申し出て下さい。

(희망자는 금주 중으로 사무소에 말해 주세요.)

⇨ 危険(きけん)な仕事なので, やりたいと申し出る者がいない。

(위험한 일이기 때문에 하고자 하는 신청자가 없다.)

14) 問(と)い質(ただ)す : (모르는 것을 질문하여) 확실하게 하다, (진실을 밝히기 위하여) 강하게 질문하다.

⇨ 難しいところを先生に問いただして, よく教えてもらった。

(어려운 곳을 선생님께 물어 충분히 배웠다.)

⇨ だれがこんないたずらをしたか問いただしたがだれも答えなかった。

(누가 이런 장난을 했는지 따져 물었으나 아무도 대답하지 않았다.)

15) 載(の)る : (自) (신문 등에) 실리다, 게재되다.

⇨ その事件(じけん)は今日の新聞に大きく載っている。

(그 사건은 오늘 신문에 크게 실려 있다.)

⇨ その論文は雑誌に載る予定だ。

(그 논문은 잡지에 게재될 예정이다.)

[3-3]

본문

入学試験をパスした学生なら，別に建設的な休学計画など提出しなくとも，一年間の休学を認める大学もいくつかある。その間，何であれ[1)]学問以外の活動をして時を過ごしさえすれば，学生は成長し，その後の大学生活がそれだけ有意義なものになるはずだという考え方なのである。 だがなかには，警告を発する教育者もいる。特に，スタンフォード大学の入学事務担当部長のフレッド・ハードガンなどはそうで，彼はこう言っている。「これは教育からはずれた時間ではなく，何かある目標の下に組込まれた時間でなければなりません。 学生が一年間の休暇中の計画をちゃんと[2)]立てれば，こちらも籍を残しておきますが，それもその中途でいま何をやっているか報告するという条件つきの場合に限っています。 もし考える時間がほしいから，などという理由ならば，私はこう質問せざるをえません[3)] — 考えるって，何をだね?」

何かそれに代わるべき方法はないかと捜し求めている大学当局者たちもいる。 ニューハンプシャー州高等教育·資格認定委員会常務理事のアーサー・ジェンセンによると，女子大では， コースどおりの教育を中断するのは十七，八歳よりは二十歳になってからのほうがよく，その場合も，たとえば三年生の一年間は交換留学生として外国で過ごすというふうにしたほうが，より好ましいチェンジ・オブ・ペース[4]になる，ということである。

そして最後に，こういう考えには初めから賛成しない教育者たちももちろんいる。特に，自然科学の分野の教育者たちにそういう意見の人がみられる。人文科学とは違って自然科学は一課程，一課程と勉強を積み重ねていかなければならず，一年休んでしまうと，せっかく[5]学んだ基礎を忘れてしまうおそれもありうる，というのだ。

親の立場，子の考え　だが，教育者の側がそういう休暇をいくら認めたり奨励したりしても，その休みがいつ退学につながらないとも限らない当の学生といっしょに暮らさなければならないのは,親のほうなのである。私が苦労して学んだ指針をいくつか次に書いておこう。

まずその期間中，親は親で自分の生活を守る努力をすること。そうすれば，子供も親も苦しんだりいらいら[6]したりせずにすむだろう。

また，子供が休暇をとって家にいるからといって，それをいいことにしていろいろ手伝いをさせたりしないこと。私は知らず知らず[7]のうちにそういうことをしてしまったように思う。なにしろマギーが目の前に「何もしないで」いるものだから。いま思えば，お手伝いを雇うべきだったし，少なくともマギーにもお金を払って頼むべきだった。だが私は，お手伝いを雇ったりすれば，マギーが気を悪くする[8]のではないかと気がかり[9]でならなかったし,[10] マギーもマギーで(いまにして私にはわかったのだが）私の手伝いをしなければ，自分がいかにも役立たずにみえるのではないかと心配していたのだ。だからマギーも私もお互いに気まずい[11]思いをしていた。

한자의 読み方

建設的(けんせつてき) : 건설적	計画(けいかく) : 계획
提出(ていしゅつ) : 제출	成長(せいちょう) : 성장
有意義(ゆういぎ) : 가치 있음	警告(けいこく) : 경고
目標(もくひょう) : 목표	中途(ちゅうと) : 중도
条件(じょうけん) : 조건	限(かぎ)る : 한정하다
捜(さが)し求(もと)める : 찾다	当局者(とうきょくしゃ) : 당국자
資格認定(しかくにんてい) : 자격인정	委員会(いいんかい) : 위원회
常務理事(じょうむりじ) : 상무이사	中断(ちゅうだん) : 중단
二十歳(はたち) : 스무 살	交換(こうかん) : 교환
留学生(りゅうがくせい) : 유학생	好(この)ましい : 바람직하다
自然科学(しぜんかがく) : 자연과학	人文(じんぶん) : 인문
課程(かてい) : 과정	積(つ)み重(かさ)ねる : (노력을) 쌓다
退学(たいがく) : 퇴학	指針(ししん) : 지침
苦(くる)しむ : 괴로워하다	手伝(てつだ)い : 심부름
雇(やと)う : 고용하다	頼(たの)む : 의뢰하다
お互(たが)い : 서로, 상호간에	

주해

1) 何(なん)であれ : 어쨌든, 그것이 어느 것이라도, 설령. [= 何(なに)しろ]

⇨ 事情(じじょう)が<u>何であれ</u>, 法(ほう)を犯(おか)したことは変(か)わらない。〔yp〕

(사정이 어쨌든 법을 어겼다는 것은 변함 없다.)

⇨ 原因(げんいん)が<u>何であれ</u>, 墜落(ついらく)したことには変(か)わりはない。〔yp〕

(원인이 어찌 되었건 추락한 것은 확실하다.)

⇨ 二人は, ともに冥王星(めいおうせい)の向(む)こうに何かが存在(そんざい)すると考えている。<u>何であれ</u>, それは非常に巨大(きょだい)で, 太陽系(たいようけい)最大(さいだい)の惑星(わくせい)である木星(もくせい)の3～6倍はあるという。〔yp〕

(둘은 같이 명왕성 앞에 무언가가 존재한다고 생각하고 있다. 어쨌든 간에 그것은 굉장히 거대하고 태양계 최대의 혹성인 목성의 3～6배에 달한다고 한다.)

⇨ このページは, ThinkQuest@Japanに応募(おうぼう)している教育についてのページです。 このサイトについてのことは<u>何であれ</u>, メールを下さい。〔yp〕

(이 페이지는 ThinkQuest@japan에 응모하고 있는 교육에 대한 페이지 입니다. 이 사이트에 대한 것은 어떤 것이라도 메일을 주십시오.)

2) ちゃんと : 정확하게, 단정히, 틀림없이, 분명히(= はっきり).

⇨ 本は読んでしまったら, <u>ちゃんと</u>本ばこの中にしまっておきなさい。

(책은 다 읽었으면 정확하게 책장에 넣어 두세요.)

⇨ 一時間も<u>ちゃんと</u>座(すわ)っているのは難(むずか)しい。

(한 시간이나 반듯이 앉아 있는 것은 어렵다.)

⇨ 私は自分(じぶん)の悪い点(てん)はちゃんと知っている。

(나는 나의 나쁜 점은 분명히 알고 있다.)

⇨ あの人がその部屋の中にはいって行くのをわたしはちゃんとこの目で見た。

(저 사람이 그 방안에 들어가는 것을 나는 똑똑히 이 눈으로 봤다.)

3) ～ざるを得(え)ない : ～하지 않을 수 없다.

⇨ 私としては, その場合(ばあい)そうせざるを得なかったのです。

(저로서는 그 경우 그렇게 하지 않을 수 없었어요.)

⇨ 最近では携帯(けいたい)電話の端末(たんまつ)でのメール打ちなど, 現代人の目は酷使(こくし)せざるを得ない状況になっている。〔yp〕

(최근에는 휴대전화 단말기의 메일 보내기 등 현대인의 눈은 혹사당하지 않을 수 없는 상황에 있다.)

⇨ これに対してソフトウェア工学(こうがく)は, ソフトウェア開発(かいはつ)の多くの部分を機械化(きかいか)することによって人的(じんてき)なエラーを取(と)り除(のぞ)いてきた。しかし, ソフトウェア開発の主要(しゅよう)な部分は未だ人手(ひとで)で行わざるを得ない状況　(じょうきょう)にある。〔yp〕

(여기에 대해서 소프트웨어 공학은, 소프트웨어 개발의 많은 부분을 기계화함으로서 인적에러를 제거해 왔다. 그러나 소프트웨어 개발의 주요부분은 아직도 사람의 손으로 행하지 않을 수 없는 상황에 있다.)

4) チェンジ・オブ・ペース (change of pace) : 변화시키는 것, 전환.

⇨ 彼は, トップスピードから突然(とつぜん)ストップ, 次の瞬間(しゅんかん)にはまたトップスピードで走(はし)り抜(ぬ)けるというチェンジ・オブ・ペースで幾多(いくだ)の栄光(えいこう)を手中(てちゅう)にした。(日本ラグビー)〔yp〕

(그는 톱 스피드에서 갑작스런 스톱, 다음 순간에 또 톱 스피드로 빠지고 달리는 전환으로 수많은 영광을 수중에 얻었다.)

⇨ ソフトテニス特有(とくゆう)のボ-ルの柔(やわ)らかさという点を考えると, ドライブとともにスライスを打球(だきゅう)することによって 「チェンジ・オブ・ペース」が可能になると, Paguyoのゲ-ムを見ていて考えさせられた。 (フィリッピンの名選手) 〔yp〕

(소프트 테니스 특유의 볼 유연성이라는 점을 생각해 보면, 드라이브와 함께 스라이스를 침으로써 전환이 가능할 것이라고 파구요의 경기를 보면서 생각하게 되었다.)

5) せっかく : 모처럼, 애써.

⇨ 日本にせっかく来たのだからゆっくりいろいろな所(ところ)を見物(けんぶつ)しなさい。

(일본에 모처럼 왔으니까 천천히 여러 곳을 구경하세요.)

⇨ せっかくの日曜日だから, きょうはうちでゆっくり休むことにしよう。

(모처럼 일요일이니까 오늘은 집에서 푹 쉬기로 하자.)

⇨ せっかくの努力がむだになった。

(애쓴 노력이 허사가 되었다.)

6) いらいら : 초조한 모양.

⇨ 宇宙飛行士(うちゅうひこうし)の家族たちがコロンビア号(ごう)の帰還(きかん)をいらいらして待った。

(우주비행사의 가족들이 콜롬비아호의 귀환을 초조하게 기다렸다.)

⇨ 思うとおりにならなくていらいらする。

(뜻대로 되지 않아 안달하다.)

7) 知(し)らず知(し)らずに : 자기도 모르게, 부지불식간에.

⇨ 『盗聴 ここまでやっている!! — 知らず知らずに聴かれているあなたの秘密(ひみつ)』

(『도청 여기까지 하고 있다! - 자기도 모르게 도청 당하는 당신의 비

밀』, 서명)

⇨ 運動(うんどう)を長い間(あいだ)しないでいると, 知らず知らずに, からだが固(かた)くなる。〔yp〕

(운동을 오랫동안 하지 않으면, 자기도 모르게 몸이 굳어진다.)

⇨ その男の子は, 悪い友だちのために, 知らず知らずに, 不良(ふりょう)の仲間(なかま)にはいっていった。

(그 남자아이는 나쁜 친구들 때문에, 자기도 모르는 사이에 불량배들속에 빠져들었다.)

8) 気(き)を悪(わる)くする : 마음을 아프게 하다, 기분을 상하게 하다.

⇨ '父親の気を悪くする子供の言葉' 〔『東亜日報』, 일어판, `98, 5, 6〕

('아버지의 마음을 아프게 한 아이의 말들')

⇨ 彼は悪口(わるくち)を言われて気を悪くした。

(그는 욕설을 들어서 기분이 상했다.)

9) 気(き)がかり : 마음에 걸림, 걱정이 되는 모양.

⇨ 気がかりは体の毒(どく)だから気をつけなさい。

(근심하는 것은 몸에 해로우니 조심하세요.)

⇨ 病気(びょうき)の子どもをうちにおいてきたことが気掛かりだ。

(앓고 있는 아이를 집에 두고 온 것이 마음에 걸린다.)

⇨ 家族が大勢(おおぜい)なので, いろいろ気掛かりなことがあります。

(가족이 많아서 여러 가지 걱정스러운 일이 있습니다.)

10) 「심정・상태・자발의 어구 ＋ て(で)ならない」 : ～해서 있을 수 없다. 〔어떤 심정・상태・바램이 최고 내지는 최악의 상태가 됨을 나타내며, 경우에 따라 자연히 그렇게 된다는 뜻도 있음. = ～てたまらない, ～てしかた(が)ない, ～て仕様(しよう)がない〕

⇨ 大学に入学(にゅうがく)できたので, うれしくてなりません。

(대학에 입학해서 너무 기쁩니다.)

⇨ いかにも苦々(にがにが)しく, 腹(はら)が立(た)ってならなかった。

(아무리 생각해도 대단히 불쾌하고 화가 너무 났다.)

⇨ その子が可哀(かわい)そうでならなかった。

(그 아이가 불쌍해서 견딜 수가 없었다.)

⇨ 自分(じぶん)のした事(こと)が悔(く)やまれてならない。

(자신이 했던 일이 후회가 너무 된다.)

11) 気(き)まずい : 서먹서먹하다, 거북하다, 찜찜하다.

⇨ けんかなどをして気まずいことあっても, またすぐ仲良くなるから, 友達とはいいものだ。

(싸움을 하여 서먹서먹한 것이 있어도 즉시 사이좋게 되니까 친구라는 것은 좋은 것이다.)

⇨ 気まずい瞬間(しゅんかん)。 気まずい思(おも)いをする。

(거북스러운 순간) (찜찜한 생각이 들다.)

[3-4]

본문

実をいえば，マギーは「何もしないで」いるどころではなかったのである。自然食品のパン(ふすまをとり去らない完全小麦粉で作ったもの)を工夫[1]して焼き，　それを週に二十四個の割りで[2]売っていた。週に二度，近くの公立学校で先生の助手も勤めた。週末にはある廃棄物再生センターで働き,商業写真家のスタジオで使い走りもした。そして何よりも，自分の関心のあること ― 写真，ヨガ，重い荷物をかついで[3]のキャンプ，ツアー，スキー，読書 ― にせっせと[4]励んで[5]いた。仕事は臨時のものだけ，それもたまたま[6]仕事があるときだけしかしなかったのだ。

しかしやがて,[7] 大学に進学しなければならないことがマギーにもわかる時期がやってきた。私たちは娘に無理じいしたくなかったから,何も言わずにいたのだ。 だが，そのうち大学の案内がその辺に置いてあるのが目につくようになって，私たちは心からほっと[8]した。あの日，大学に向かうための荷造りをすっかり終わったときの娘の顔は,小学校五年生以来初めて見るはればれと[9]くつろいだ[10]顔だった。高校での激しい競争に押しつぶされ[11]そうになっていたとき以来久しぶりのことだった。娘は行く手[12]に待つ学問に情熱を燃やしていた。「またがんばらなくちゃあ。[13] 頭がふやけ[14]かけてしまったかもしれないわ」

それまでの一年間は，決してバラ色のことばかりあったわけではなかった。親のほうは，何も力になってやれず，結果が絶えず[15]気になっていた。

マギーのほうも，友だちがほとんど大学に行ってしまって寂しいことも多かったのだ。それに，これから先すべてがうまくいくとばかりも思えない。だが全体的にみて，マギーの一年の休暇は私たちみんなにとって有意義な経験だったと言える。

そしてもしも，同じことがもう一度わが家に起こって，私がいつのまにか[16]「そんなこと言ったって[17]来年は大学へ行ってもらわなけりゃ」などと考えたりしたら，私はスタンフォード大学の学生センターへはいるときに通ったあのドアを思い出すことにしよう。それは両開きのガラスのドアで，どちらから押しても自由に出入りできるようになっていた。右側のガラスには「このドアからどうぞ」と小さい字で書かれていた。そしてその下に，きちんとした細かい字でだれかがこういたずら書きをしていた —「でも，なぜ?」

한자의 読み方

自然食品(しぜんしょくひん) : 자연식품
取(と)り去(さ)る : 제거하다
工夫(くふう) : 궁리, 고안
割(わ)り : 비율, 꼴
週末(しゅうまつ) : 주말
再生(さいせい) : 재생
写真家(しゃしんか) : 사진가
関心(かんしん) : 관심
励(はげ)む : 노력하다, 애쓰다
時期(じき) : 시간, 시기
荷造(にづく)り : 짐 꾸리기
競争(きょうそう) : 경쟁
行(ゆ)く手(て) : 가는 길, 장래
情熱(じょうねつ) : 정열
絶(た)える : 끊어지다
全体的(ぜんたいてき) : 전체적
通(とお)る : 통하다
出入(でいり) : 출입(=ではいり)
細(こま)かい : 잘다, 촘촘하다
ふすま : 밀기울
小麦粉(こむぎこ) : 밀가루
焼(や)く : 굽다
公立(こうりつ) : 공립
廃棄物(はいきぶつ) : 폐기물
商業(しょうぎょう) : 상업
使(つか)い走(はし)り : 심부름꾼
荷物(にもつ) : 짐
臨時(りんじ) : 임시
向(む)かう : 향하다
激(はげ)しい : (격)심하다
久(ひさ)しぶり : 오래간만임
学問(がくもん) : 학문
燃(も)やす : (정열을) 태우다
寂(さび)しい : 쓸쓸하다
経験(けいけん) : 경험
両開(りょうびら)き : 회전문
右側(みぎがわ) : 오른쪽

주해

1) 工夫(くふう) : 궁리, 고안 (= devise), 아이디어.

⇨ 水が漏(も)れないようにくふうする。

(물이 새지 않게 궁리하다.)

⇨ 漢字をおぼえるのに何かいい工夫はありませんか。

(한자를 외우는 데 뭔가 좋은 아이디어는 없습니까?)

⇨ 収納(しゅうのう)の工夫と著書(ちょしょ)の紹介。〔yp〕

(수납의 아이디어와 저서소개.)

⇨ 冷蔵庫の選び方，手入(てい)れ方法，食品保存(しょくひんほぞん)の工夫。〔yp〕

(냉장고의 선택방법, 손질방법, 식품 보존방법의 고안.)

⇨ ホームページ作成(さくせい)のちょっとした工夫。〔yp〕

(홈페이지 작성의 평범한 아이디어.)

⇨ ハーブを生活に採(と)り入れるさまざまな工夫。〔yp〕

(허브를 생활에 사용하는 여러 가지 고안.)

2) ～の割(わ)りで : ～의 비율로, ～의 꼴로.

⇨ 1時間に 1,000ウォンの割りで支払う。

(1시간에 1,000원 꼴로 지불하다.)

⇨ 10人に3人のわりで，試験に受かりました。

(10명에 3명꼴로 시험에 합격했습니다.)

⇨ このホームページに掲載(けいさい)されるCGは，約1週間に1回のわりで更新(こうしん)されますので注意して下さい。〔yp〕

(이 홈페이지에 게재되는 CG는 약1주일에 한 번꼴로 갱신됨으로 주의 해주십시오.)

3) 担(かつ)ぐ : 메다, 받들다.

⇨ 兵隊(へいたい)が鉄砲(てっぽう)をかついで運んでいる。

(군인이 총을 메고 운반하고 있다.)

⇨ 大臣(だいじん)を会長(かいちょう)にかつぎました。

(장관을 회장으로 받들었습니다.)

4) せっせと : 쉬지 않고 열심히, 부지런히.

⇨ 私は, はたらくときにはせっせとはたらいて, 休むときにはゆっくり休むことにしている。

(나는 일할 때에는 열심히 일하고, 쉴 때는 푹 쉬기로 하고 있다.)

⇨ 花も咲(さ)きほこり, ミツバチもせっせと蜜(みつ)を集めてる。〔yp〕

(꽃들도 한창 피고 꿀벌도 열심히 꿀을 따고 있다.)

5) 励(はげ)む : 힘쓰다, 노력하다.

⇨ 貧(ひん)に負けないで勉強に励んだ。

(가난에 굴하지 않고 공부에 힘썼다.)

⇨ なかなか兄を超えることができず父からほめられることも少ないアーノルドであったが, ランニング, 槍投(やりな)げ, サッカーなどのスポーツに励む。〔yp〕

(좀처럼 형을 넘을 수 없고 아버지로부터 칭찬받지 못한 아놀드 였지만 달리기, 투창, 축구 등 스포츠에는 열심이다.)

6) たまたま(偶偶) : 가끔, 간혹(= まれに), 우연히(= ぐうぜんに).

(한자로는「偶」「適」1문자로도 사용)

⇨ 私はたまたま日本の映画を見ます。

(나는 가끔 일본영화를 봅니다.)

⇨ 雑誌の広告(こうこく)でこういう製品(せいひん)のあることをたまたま知った。

(잡지광고에서 이러한 제품이 있는 것을 우연히 알게 되었다.)

⇨ たまたま友人に出会って長い立(た)ち話(ばな)しになった。

(우연히 친구를 만나 오래도록 서서 이야기했다.)

7) やがて : 이윽고, 거의, 대개.

⇨ 最初その食べ物は変(へん)な味がしたがやがて慣れてしまった。

(처음 그 음식은 이상한 맛을 느꼈지만, 머지않아 익숙해졌다.)

⇨ わたしが日本へきてからやがて2年になる。

(내가 일본에 온 지 거의 2년이 된다.)

8) ほっと : (副) (한숨을 쉬는 모습, 겨우 안심하는 모습) 후유.

⇨ 母は仕事の手を休(やす)めて, ほっとためいきをつきました。

(어머니는 일손을 멈추고 후유 하고 한숨을 쉬었습니다.)

⇨ また宿題をたくさん出されて, 学生たちはほっとためいきをついた。

(또 숙제를 많이 받아 학생들은 후유 하고 한숨을 쉬었다.)

⇨ 医師に「もう大丈夫(だいじょうぶ)ですよ」と言われて, ほっと胸をなでおろした。

(의사로부터 '이젠 걱정 없어요.' 하는 말을 듣고 후유 하고 한시름 놓았다.)

9) 晴(は)れ晴(ば)れ(と) : 유쾌한, 맑은, 홀가분한, 한껏 밝은 기분.

(= さっぱりと明るい気分になる)

⇨ はればれとした顔つき。

(유쾌한 얼굴 모습.)

⇨ 外へ出ると気分がはればれする。

(밖으로 나가면 기분이 상쾌해진다.)

⇨ 銀メダルを一人ひとり, 首(くび)にかけてもらっている子どもたちの顔は, とてもはればれとしていました。〔yp〕

(은메달을 한 사람 한 사람 목에 건 어린이들의 얼굴은 밝은 기분

이었습니다.)

⇨ こういう作品(さくひん)の'あとがき'を書くときの表情(ひょうじょう)は, 実にすがすがしくはればれとしている。〔yp〕
(이러한 작품의 '후기'를 쓸 때 표정은 실로 상쾌하고 홀가분하다.)

10) くつろぐ : (自) 느긋하게 편히 쉬다, 휴식하다, 유유자적하다.

⇨ どうぞおくつろぎください。
(자, 편히 쉬세요.)

⇨ 温泉(おんせん)でくつろいでいる。
(온천에서 유유자적하다.)

⇨ ゆったりと過(す)ごす大人(おとな)の旅(たび) -- 離(はな)れの庭と山荘(さんそう)でくつろぐ。〔yp〕
(느긋하게 보내는 어른의 여행 -- 외딴 정원과 산장에서 휴식을 취한다.)

cf) くつろげる : (他) 편하게 하다, 느슨하게 하다.

⇨ 客の気分(きぶん)をくつろげる。
(손님의 마음을 편안하게 해주다.)

⇨ ワイシャツのえりをくつろげてビールをのむ。
(와이셔츠의 깃을 풀고 맥주를 마신다.)

⇨ 天然(てんねん)温泉つきのくつろげる静かな宿(やど)。〔yp〕
(천연온천이 딸린 편히 쉴 수 있는 조용한 여관.)

11) 潰(つぶ)す : 망그러뜨리거나 부수거나 하다, 못 쓰게 해버리다, 헛되이 사용하다.

⇨ マッチの箱をつぶしたような形。
(성냥갑을 찌그러뜨린 것 같은 모양.)

⇨ つまらないことで, 大切な時間をつぶしたくない。

(하찮은 일로 중요한 시간을 낭비하고 싶지 않다.)

⇨ この金メダルをつぶせば，指輪(ゆびわ)が二つぐらいできるでしょう。

(이 금메달을 녹이면 반지가 두 개쯤 될 것입니다.)

cf) 관용구

⇨ 肝(きも)をつぶす。(= びっくりする)

(간이 오그라들다. = 놀라다)

⇨ 顔をつぶす。(= めいよをなくす)

(얼굴이 깎이다. 명예를 잃었다.)

⇨ 時間をつぶす。

(시간을 보내다.)

12) 行(ゆ)く手(て) : 사람이 걸어 다니는 길, 장래의 길, 앞길.

⇨ 私の行く手にオオカミがいるかも知れない。

(내가 가는 길에 늑대가 있을지도 모른다.)

⇨ 私の行く手に何かものすごくいいことが待っているようだ。〔ld〕

(나의 앞길에 무언가 굉장히 좋은 일이 기다리고 있을 것 같다.)

13) ～なくちゃあ :「～なくてはあ」의 준말. (～해야 돼 =「～なくてはいけない」)

⇨ 国のためには戦(たたか)わなくちゃあという人には，この本をおすすめする。〔yp〕

(나라를 위하여 싸우는 사람에게 이 책을 추천한다.)

⇨ 住宅地(じゅうたくち)は全米(ぜんべい)でも有数(ゆうすう)の高級地(こうきゅうち)。ミリオンを超(こ)える，もちろん敷地(しきち)も1エーカー以上。そんな家は大きさも最低(さいてい)200坪(つぼ)はなくちゃあ。〔yp〕

(주택지는 전 미국에서도 몇 개 안되는 고급지역. 백만을 넘는, 물론 부지도 1에이커 이상. 그런 집은 크기도 최저 200평은 있어야한다.)

14) ふやける : (自) (물에 젖어) 붇다, (비유적으로 정신이) 해이해지다, 흐릿해지다, 게을러지다, 축 늘어지다.

⇨ お風呂に入ると, 手はふやけるのに, 他のところはどうしてふやけないのですか？〔yp〕

(목욕하면 손은 붇는데 다른 부분은 왜 붇지 않는가?)

⇨ あんな自立心(じりつしん)のないふやけた男を仕事上(しごとじょう)の パートナーにしないほうがいい。〔現代〕

(저렇게 자립심 없는 흐릿한 남자를 업무의 파트너로 하지 않는 편이 좋다.)

⇨ 何故(なぜ)か異様(いよう)に眠くなるんだよね。 この二日間あんた寝すぎだよ。ってぐらい寝てます。ダメダメです。頭ふやけるよ。〔yp〕

(왠지 이상하게 졸려. 이틀간 너무 많이 잤다고 할 정도로 자고 있어요. 안돼요. 머리 멍해진다니까.)

15) 絶(た)えず : (副) 끊임없이, 줄 곧.

⇨ たえず一生懸命勉強すれば, すこしぐらい頭が悪くてもいい成績をとることができる。

(끊임없이 열심히 공부하면 조금 머리 나빠도 좋은 성적을 딸 수 있다.)

⇨ 紫外線(しがいせん)は絶えずあなたのお肌(はだ)をねらっています。

(자외선은 끊임없이 당신의 피부를 노리고 있습니다.)

16) いつの間(ま)にか : 어느 틈엔가, 언젠가, 모르는 사이에.

⇨ つくえの上においた本がいつのまにかなくなってしまった。

(책상 위에 놓아둔 책이 어느 틈에 없어지고 말았다.)

⇨ あの人はあいさつをしないでいつのまにか帰ってしまった。

(저 사람은 인사도 하지 않고 모르는 사이 가 버렸다.)

17) ～って：

①「～라고」(～と) -- 내용. (「言う」「思う」앞에 붙음)

⇨「ごめんなさい」って言えばいいんです。

(「미안해요」라고 말하면 됩니다.)

②「～이라는」(～という) -- 인용.

⇨ 山田さんって人はどの大学を卒業したの。

(야마다 씨라는 사람은 어느 대학을 졸업했지.)

③「～이라는 것은」(～というのは) -- 제시.

⇨ 愛するってなんてつらいことなのでしょう。

(사랑한다는 것은 괴로운 일이겠죠.)

④「～냐고」「～다고?」 -- 확인.

⇨ あれはだれかって, ぼくだって知らない。

(저 사람은 누구냐고 나 역시 몰라.)

⇨ 大学にはいれたって, そりゃあよかった。

(대학에 들어가게 되었다고? 그 잘 됐다.)

⑤「～라는 것이다」(～ということだ) -- 伝聞.

⇨ あの人はテニスがとてもじょうずだってね。

(저 사람은 테니스를 아주 잘 한대.)

연습문제

＊ 上の本文の内容をよく読んで次の問いに日本語で簡単に答えなさい。

(問1) 二年前のある秋の夜，十七歳になる娘マギ-がふと口にした質問，即ち，マギ-の家を大きくゆさぶった質問とは何か述べなさい。

(問2) マギ-は休暇の一年の間，いろんなことをした。 それは何か述べなさい。

(問3) 大学生の休学には賛否両論がある。 それは何か詳しく述べなさい。

(問4) 休学の間，親が守るべきことは何か述べなさい。

(問5) 休学の間，マギ-の考えはどうだったのか述べなさい。

(問6) マギ-の母親は一年の休暇の間，いろいろな人々に会った結果，何を知り得たのか述べなさい。

제4장

ワンダフル! 日本のデパート

創業330周年を迎える, 日本橋三越デパート本店の全景

《第4章》

ワンダフル！　日本のデパ-ト

[4-1]

본문

日本では，デパートは単に物を売るだけのところではない。ファッションの展示即売場でもない。そういうものを超越した存在だ。それは都市生活者にとっては必要不可欠なものであり，さらに[1]言えば民族の文化のシンボルでさえある。アート・ギャラリー，博物館，食堂，ティーショップ，劇場，娯楽センター，遊園地，診療所，休憩場所，オアシス等が，都心部の巨大なコンクリート製の建物の中にすっぽり[2]おさめられているのだ。日本のデパートは観光の対象であり，生活の情報源でもある。西洋を見る窓であり，東洋をうつす[3]鏡である。つまり，現代の指標とも言うべき場所なのだ。

正札販売の開祖　　その一つ，三越百貨店に目を向けてみよう。三越百貨店の東京日本橋本店は売上高，利益，創業以来の歴史，どの一つをとっても日本第一位の百貨店だ。創業は一六

七三年(延宝元年)だから，世界最古のデパートである。創業者三井高利[4]の「現金かけ値なし」[5](正札販売)というモットーは，商売にかけひき[6]はつきもの，[7] 勘定は盆暮れ[8]二回と決まっていた当時としては画期的なものであった。正札販売の考え方が普及しはじめたのは，イギリスやフランスなど比較的進んだ商業民族においてもさらに一世紀あとのことである。そこで今日は，この世界の商業史の生きた記念碑を青い目の探訪者として探検しようというわけだ。

「三越前」という名の地下鉄駅を出ると，道はそのまま三越の地下一階の店内に通じる仕組みになっている。アメリカのデパートでも地下一階はおおむね[9]バーゲン品売場だが，三越でも地下一階のフロアの約半分はバーゲン品売場である。

アメリカの大きなデパートと同じように，ここにもたくさんの客がつめかけて[10]いる。だが，日本人は決して他人を押しのけたり[11]商品を奪い合ったり[12]はしない。一千万人を越す都市の雑踏の中に長年住みながら，東京の顧客は決して野蛮にならず，むしろ古い日本文明の礼節と自制心をじっと[13]もちこたえて[14]いるかにみえる。

地下一階のあと[15]半分は食料品売場だ。日本固有のお惣菜，中国料理，インド料理，西洋料理，驚くなかれ[16]イギリス料理の材料まである。

食料品に重点をおくのも日本のデパートの特色の一つだ。三越本店では年間売上げ二千九百二十三億円(昭和四十七年度)の，なんと[17]十五パーセントが食料品で，しかも[18]この数字には，店内の二十のレストラン，スナックバー，喫茶室の売上げは含まれていない。アメリカならせいぜい[19]食料品は二パーセントといったところだ。

한자의 読み方

単(たん)に : 단순히	展示即売場(てんじそくばいじょう) : 전시직판장
超越(ちょうえつ) : 초월	存在(そんざい) : 존재
都市生活(としせいかつ) : 도시생활	必要不可欠(ひつようふかけつ) : 필요 불가결
民族(みんぞく) : 민족	博物館(はくぶつかん) : 박물관
劇場(げきじょう) : 극장	娯楽(ごらく) : 오락
遊園地(ゆうえんち) : 유원지	診療所(しんりょうじょ) : 진료소
休憩場所(きゅうけいばしょ) : 휴게장소	都心部(としんぶ) : 도심부
巨大(きょだい) : 거대	観光(かんこう) : 관광
対象(たいしょう) : 대상	情報(じょうほう) : 정보
西洋(せいよう) : 서양	東洋(とうよう) : 동양
鏡(かがみ) : 거울	現代(げんだい) : 현대
指標(しひょう) : 지표	正札販売(しょうふだはんばい) : 정찰판매
開祖(かいそ) : 원조	日本橋(にほんばし) : 니혼바시(지명)
本店(ほんてん) : 본점	売上高(うりあげだか) : 매상고
利益(りえき) : 이익	創業(そうぎょう) : 창업
以来(いらい) : 이후	歴史(れきし) : 역사
世界最古(せかいさいこ) : 세계최고	商売(しょうばい) : 장사
勘定(かんじょう) : 계산	当時(とうじ) : 당시
画期的(かっきてき) : 획기적	普及(ふきゅう) : 보급
比較的(ひかくてき) : 비교적	世紀(せいき) : 세기
今日(こんにち, きょう) : 오늘	商業(しょうぎょう) : 상업
記念碑(きねんひ) : 기념비	探訪者(たんぼうしゃ) : 탐방자
探険(たんけん) : 탐험	名(な) : 이름
半分(はんぶん) : 반 정도	他人(たにん) : 타인
売場(うりば) : 매장	雑踏(ざっとう) : 혼잡, 붐빔
長年(ながねん) : 오랫동안	顧客(こきゃく) : 고객
野蛮(やばん) : 야만	礼節(れいせつ) : 예절
自制心(じせいしん) : 자제심	食料品(しょくりょうひん) : 식료품
お惣菜(おそうざい) : 반찬, 부식	中国料理(ちゅうごくりょうり) : 중국요리

材料(ざいりょう)：재료	重点(じゅうてん)：중점
特色(とくしょく)：특색	昭和(しょうわ)： 쇼와 (연호, 원년 1926년)
数字(すうじ)：숫자	喫茶室(きっさしつ)：다방

주해

1) 更(さら)に : 그 위에, 더욱더, 도무지, 전혀.

⇨ 雨がさらにはげしく降る。

(비가 더욱 세차게 오다.)

⇨ あの子どもはさらに反省(はんせい)の色がない。

(저 아이는 도무지 반성의 빛이 없다.)

⇨ もう一度考えなおす必要などは更にない。

(한 번 더 고쳐 생각할 필요는 전혀 없다.)

2) すっぽり : (몽땅 덮여있는 모양) 푹, (물건이 빠지거나 끼거나 하는 모양) 쑥.

⇨ 布団(ふとん)をすっぽり被(かぶ)る。

(이불을 푹 뒤집어쓰다.)

⇨ 人形の手がすっぽりぬけた。

(인형의 손이 쑥 빠졌다.)

3) 映(うつ)す : (他) 비추다.

⇨ 鏡(かがみ)に自分の姿(すがた)を映して見る。

(거울에 자기의 모습을 비쳐본다.)

⇨ スライドを映してみんなに見せる。

(슬라이드를 비추어 모두에게 보여주다.)

⇨ 富士山(ふじさん)が湖(みずうみ)にきれいな姿を映している。

(후지 산이 호수에 아름다운 모습을 비추고 있다.)

4) 三井高利(みついたかとし, 1622～1694) :

三井財閥(ざいばつ)の元祖(がんそ)。 通称(つうしょう)は八郎兵衛(はちろうはまえい)。伊勢松坂(いせまつさか)の商人(しょうにん), 三井高俊(たかとし)の4男(しなん)として生(う)まれる。1633年(寛永10)の父の死後(しご), 商才(しょうさい)にすぐれた母にそだてられ, 14歳で仕入店(しいれみせ)を京都において江戸で広く小間物(こまもの)をあつかう長兄(ちょうけい)俊次(としじ)の店に修業にはいった。1673年(延宝元)に江戸の本町(ほんまち)1丁目(ちょうめ)(東京都中央区)に呉服店(ごふくてん)越後屋(えちごや)を開(ひら)いた。越後屋は「現金掛け値なし」「正札販売」(しょうふだはんばい)を大宣伝(だいせんでん)して人気をえた。〔yp〕

(미쯔이 재벌의 창시자. 통칭 하찌로우 하마에이라 한다. 이세 마쯔사카의 상인인 미쯔이 타카토시의 4남으로 태어났다. 1633년 아버지가 돌아가신 후, 장사에 남다른 재능을 갖은 어머님 슬하에서 자라, 14살 때 매입점을 교토에 두고, 에도에서 대규모로 여성용품류를 취급하는 맏형 토시의 가게에 장사수업 받으러 들어갔다. 1673년에 에도의 혼마찌 1번지에 포목점 '에치고야'를 열었다. 포목점은 '현금 에누리 없음' '정찰판매'를 크게 선전하여 인기를 얻었다.)

5) 現金(げんきん)かけ値(ね)なし : 현금 에누리 없음.

⇨ 三井のもう一つの独創的な売り方は'<u>現銀(金)掛値なし</u>'です。

(미쯔이의 또 하나의 독창적인 판매방법은 '현금 에누리 없음'입니다.)

cf) かけ値(ね) : 에누리, 과장.

⇨ <u>かけ値</u>なしの二万円。 (에누리 없는 이만 엔.)

⇨ お客に<u>かけ値</u>を言う。 (손님에게 에누리하다.)

⇨ 彼の話にはかけねがある。 (그의 말에는 과장이 있다.)

⇨ かけねのない賛辞(さんじ)。 (과장이 없는 찬사.)

6) 駆(か)け引(ひ)き : 흥정, 상술, (임기응변의) 술책, 수완.

⇨ あの人のかけひきはうまい。

(저 사람의 상술은 능숙하다.)

⇨ かけひきを使(つか)わず誠意(せいい)で当(あ)たれ。

(임기응변의 술책을 쓰지 말고 성의로 대하라.)

⇨ 政治的な駆け引きにおいて彼に勝(まさ)る政治家はいない。

(정치적인 수완에서 그를 능가하는 정치가는 없다.)

7) 付(つ)きもの : 부속물, 따라다니는 것.

⇨ 青年(せいねん)に冒険(ぼうけん)はつきものだ。

(청년에게 모험은 따라 다니는 것이다)

⇨ 学者に貧困(びんぼう)はつきものだ。

(학자에게 가난은 따라다니기 마련이다.)

8) 盆暮(ぼんく)れ : 우란분재와 연말.

⇨ 盆暮れに賞与(しょうよ)をもらう。

(우란분재와 연말에 보너스를 받다.)

⇨ この村にも盆暮れ勘定といって，盆と暮に商店などの借り代金を返済する習慣が残っています。〔yp〕

(이 마을에도 우란분재와 연말 계산이라 하여 오봉과 연말에 상점 등의 차용금을 갚는 습관이 남아 있습니다.)

cf) お盆(ぼん) = うらぼん(盂蘭盆) :

우란분재 즉, 음력 7월 15일에 조상의 영혼을 제사 지내는 불교 행사 (백중맞이).

9) おおむね : 대강, 대체로.

⇨ 昨日は気持ちがわるかったが, 今日は気持ちがおおむね良好(りょうこう)だ。

(어제는 기분이 나빴지만, 오늘은 기분이 대체로 양호하다.)

⇨ 景気(けいき)は, おおむね横(よこ)ばいとなっているが, 株価(かぶか)やアメリカ経済の動向(どうこう)など, 我が国の景気を巡(めぐ)る環境(かんきょう)に変化の兆(きざ)しがみられる。〔yp〕

(경기는 대체로 보합세로 되고 있지만, 주가나 미국경제의 동향 등 우리나라의 경기를 둘러싼 환경에 변화의 조짐이 보인다.)

10) 詰(つ)め掛(か)ける : 몰려들다, 바싹 다가서다.

⇨ 現場に新聞記者がつめかけた。

(현장에 신문 기자가 몰려들었다.)

⇨ 事件現場(じけんげんば)につめかけた。

(사건현장에 바싹 다가섰다.)

⇨ 熱狂的(ねっきょうてき)なファンが詰め掛けることも予想(よそう)されるため, 代表選手と一般客の'隔離(かくり)'が課題となりそう。〔yp〕

(열광적인 팬이 몰려드는 것도 예상되기 때문에, 대표선수와 일반객의 격리가 과제로 될 것 같다.)

cf) 詰(つ)める : 채우다, 틀어막다, 궁지에 몰아넣다, (옷 등을) 줄이다.

⇨ 旅行(りょこう)に行くのでかばんに荷物(にもつ)を詰めた。

(여행을 가니까 가방에 짐을 채웠다.)

⇨ そんなに詰め込むと, ひきだしが開かなくなるよ。

(그렇게 쑤셔 넣으면 서랍이 안 열리게 돼.)

⇨ 鋭(するど)く詰め寄(よ)る。

(날카롭게 따지며 대들다.)

⇨ わたしは兄の着物(きもの)を詰めて着た。

(나는 형의 옷을 줄여서 입었다)

11) 押(お)し退(の)ける : 밀어젖히다, 밀어내다.

⇨ 子どもがおとなを押し退けて先に電車に乗りこんだ。

(어린이가 어른을 밀어내고 먼저 전차를 탔다.)

⇨ カリフォルニアの交通事情(こうつうじじょう)は, 日本と大きく異(こと)なる。とにかく徹底(てってい)した歩行者(ほこうしゃ)優先主義(ゆうせんしゅぎ)。横断歩道(おうだんほどう)の前に立てば, すぐに車が止まる。遅い車や人を押し退けるためにクラクションを鳴(な)らしたりはしない。〔yp〕

(캘리포니아의 교통사정은 일본과 크게 다르다. 하여튼 철저한 보행자 우선주의. 횡단보도 앞에 서면 즉시 차가 멈춘다. 늦게 가는 차나 사람을 밀쳐내기 위하여 크랙션을 울리지는 않는다.)

12) 奪(うば)う : 빼앗다, 약탈하다.

⇨ 犯人(はんにん)は彼女の金を奪った。

(범인은 그녀의 돈을 빼앗았다.)

⇨ わたしの唯一(ゆいいつ)の楽(たの)しみを奪わないでください。

(나의 유일한 즐거움을 뺏지 마세요.)

⇨ 美しい音楽にすっかり心を奪われてしまった。

(아름다운 음악에 완전히 정신이 팔려 버렸다.)

13) じっと : (가만히 있는 모양) 지그시, 꾹.

⇨ この子は元気で, 一分とじっとしていられないんです。

(이 아이는 건강해서 조금도 가만히 있을 수 없습니다.)

⇨ 侮辱(ぶじょく)をじっと堪(こら)えているのは大変なことだ。

(모욕을 꾹 참고 있는 것은 대단한 일이다.)

14) 持(も)ち堪(こた)える : 계속 유지하다, 견디다.

⇨『ヒトラーはどれだけ持ちこたえることができるか』〔トロツキー, 西島栄訳, 서명〕

(『히틀러는 얼마만큼 유지할 수 있는가?』)

⇨ 一年間はもちこたえる食糧(しょくりょう)がある。

(1년간은 견딜 수 있는 식량이 있다.)

cf) 堪(こた)える : 견디다, 참아내다. (= たえる)

⇨ これだけあれば一年間はこたえる。

(이 만큼만 있으면 일년간은 버틴다)

⇨ 自分の部屋の掃除さえできないものが, どうしてそれ以上にきびしい勉強にこたえることができるでしょう。

(자기방 청소조차 하지 않는 아이가 어떻게 그 이상의 혹독한 공부를 참아 낼 수 있을까.)

⇨ 朝から20kmもランニングした身としては, 階段の上り下りが堪える。

(아침부터 20킬로 달린 몸이니 계단 오르내리기는 문제없다.)

15) 後(あと) : 그 외의 일, 나머지.

⇨ わたしは帰りますからあとをお願いします。

(나는 돌아가겠으니 뒷 일을 부탁합니다.)

⇨ あとはあしたお話しします。

(나머지는 내일 이야기하겠습니다.)

⇨ あとは想像(そうぞう)に任(まか)す。

(나머지는 상상에 맡긴다.)

16) 驚(おどろ)くなかれ : (사실이 이러하니) 놀라지 마라, 자그마치, 놀랍게도.

⇨ 驚くなかれ百万円の損失(そんしつ)だ。

(자그마치 백만 엔의 손실이다.)

⇨ 驚くなかれ全員(ぜんいん)失格(しっかく)だ。

(놀랍게도 전원 실격이다.)

17) なんと : 뭐라고, 얼마나, 대단히, 놀랍게도, 어떻게든.

⇨ 今何とおっしゃいますか。

(지금 뭐라고 말씀하셨어요?)

⇨ なんとりっぱな庭(にわ)だろう。

(얼마나 훌륭한 정원인가!)

⇨ なんとみごとな桜(さくら)だろう。

(얼마나 멋있는 벚꽃인가!)

⇨ 方々(ほうぼう)捜(さが)したがなんとすぐ手(て)もとにあった。

(사방으로 찾았는데 놀랍게도 바로 곁에 있었다)

⇨ なんとしてもわたしはあの人に会って話をするつもりです。

(어떻게 해서든 나는 그 사람을 만나서 이야기를 할 작정입니다.)

18) しかも : 그 위에, 게다가, 더구나, 그런데도.

⇨ 最初(さいしょ)でしかも最後(さいご)のチャンス。

(처음이자 마지막 찬스.)

⇨ 富士山(ふじさん)は高くて, しかも美しい山だ。

(후지 산은 높고 게다가 아름다운 산이다.)

⇨ 彼は金持(かねも)ちだ, しかもまだ若(わか)い。

(그는 부자이다, 더구나 아직 젊다.)

⇨ 約束(やくそく)の日も過ぎたのに, しかも返事(へんじ)が来ない。

(약속 날짜도 지났는데도 답장이 안 온다.)

19) 精精(せいぜい) : 최대한, 힘껏, 기껏, 고작.

⇨ せいぜい勉強しておきます。

(최대한 싸게 해 드리겠습니다.)

⇨ せいぜい骨折(ほねお)ってみます。

(힘껏 노력해 보지요.)

⇨ もうけはせいぜい千円ぐらいか。

(이익은 기껏 천 엔쯤 정도 될까?)

⇨ あとで泣きつくのが精精だろう。

(나중에 울며 매달리는 게 고작일 거야.)

[4-2]

본문

こころよい[1]違和感　三越の開店時間は月曜日を除いて[2]毎朝十時である。 ある朝，わたしは開店十五分前の午前九時四十五分，一階のメーンフロアに招待されるという光栄に浴した。[3] 売場ごとに六十のグループにわかれた店員が通路に整列している。売場担当の六十人の主任から部下への訓示 ―「今日もみんながんばりましょう。[4] お客様にははっきりした言葉づかいで，微笑をたやさず[5]応対しましょう。 お待ちになっているお客様にはもうすぐお相手いたしますから，ということを言葉と態度で示しましょう」

訓示にはお説教だけでなく，よい知らせも盛りこまれて[6]いる。「三越の包装紙の包みを持った地下鉄の乗客に席をゆずった[7]Aさんに賞状を贈ります」

ちょっぴり[8]おこごと[9]もある。「外国語が話せないからといって外国人が来ても見て見ぬふり[10]をする人がいるようですが，外国のお客様は他のかたよりもっとみなさんの助けを必要としているのです……」

ありがとう， 主任さん。しかし， わたしの場合はそんな経験はありませんでしたよ。

行事や催し物[11]の発表もある。「来日中のソビエトの文化相フルツエワ女史が明日の午後当店を視察にいらっしゃいます。それからこちらにお見えの[12]かたは…」自分が三越にとって何者であるかを知ったのは，このときのことだ。 つまり， わたしはこの「おごそかな[13]

儀式」とでも言うべき朝礼に参列を許された最初の外国人というわけなのである。

午前十時，エスカレーターにスイッチが入れられる。パイプオルガンが日本の伝統的なメロディー「お江戸日本橋」をかなで[14]はじめる。外でしんぼう[15]強く待っていた客の一団が，店の幹部数人の深々と[16]したおじぎ[17]に迎えられてはいってくる。

一階のメーンフロアには，われわれ外国人にとってなにかこころよい違和感といったものがある。アメリカでは商店のウィンドーは外を通る歩行者をひきつける[18]役目[19]をはたしていて，客はまずウィンドーに目を走らせて[20]から，はいるかはいらないかを決める。しかし，三越には通りに面した一階のショーウインドーなどというものはない。なぜウィンドーの展示がないのか，というわたしの問いに，幹部の一人はこう答えてくれた。

「われわれの最も新しい経営理念は自然と調和を保つ[21]ということです。そこでわれわれは，自然をモチーフにして，また都会の重圧や広告のはんらんや，消費そのものからのがれる[22]手段として自然を重視しているのです。すべてのエスカレーターの側面のパネルには，夏は熱帯魚と海草の模様[23]が，秋はトンボと菊の模様が照明つきで描かれています。それから，エスカレーターをのぼりきった[24]ところに，その階のおもな商品の品目を掲示して，お客様に自然と見ていただけるようにしております。これがいわば，わたしどものショーケースなんです」

한자의 読み方

違和感(いわかん) : 위화감
招待(しょうたい) : 초대
売場(うりば) : 판매장
整列(せいれつ) : 정렬
主任(しゅにん) : 주임
訓示(くんじ) : 훈시
微笑(びしょう) : 미소
相手(あいて) : 상대
示(しめ)す : 보이다
お知(し)らせ : 안내, 통지
包(つつ)み : 꾸러미
賞状(しょうじょう) : 상장
助(たす)け : 도움, 구조
場合(ばあい) : 경우, 사정
行事(ぎょうじ) : 행사
発表(はっぴょう) : 발표
文化相(ぶんかそう) : 문화상
当店(とうてん) : 당점
何者(なにもの) : 어떤 사람
朝礼(ちょうれい) : 조례
許(ゆる)す : 허락하다
伝統的(でんとうてき) : 전통적
幹部(かんぶ) : 간부
迎(むか)える : 맞이하다
商店(しょうてん) : 상점
展示(てんじ) : 전시
経営(けいえい) : 경영
自然(しぜん) : 자연
都会(とかい) : 도회지, 도시
広告(こうこく) : 광고
開店(かいてん) : 개점
光栄(こうえい) : 영광
通路(つうろ) : 통로
担当(たんとう) : 담당
部下(ぶか) : 부하
お客様(きゃくさま) : 손님
応対(おうたい) : 응대
態度(たいど) : 태도
説教(せっきょう) : 설교
包装紙(ほうそうし) : 포장지
乗客(じょうきゃく) : 승객
贈(おく)る : 주다
必要(ひつよう) : 필요
経験(けいけん) : 경험
催(もよお)し物(もの) : 이벤트(event)
来日中(らいにちちゅう) : 일본에 와 있음
女史(じょし) : 여사
視察(しさつ) : 시찰
儀式(ぎしき) : 의식
参列(さんれつ) : 참석, 참가
最初(さいしょ) : 최초
一団(いちだん) : 일단
数人(すうにん) : 몇 사람
一階(いっかい) : 일층
歩行者(ほこうしゃ) : 보행자
問(と)い : 물음
理念(りねん) : 이념
調和(ちょうわ) : 조화
重圧(じゅうあつ) : 중압
消費(しょうひ) : 소비

手段(しゅだん) : 수단
側面(そくめん) : 측면
海草(かいそう) : 해초
照明(しょうめい) : 조명
商品(しょうひん) : 상품
掲示(けいじ) : 게시
重視(じゅうし) : 중시
熱帯魚(ねったいぎょ) : 열대어
菊(きく) : 국화
描(えが)く : 그리다, 묘사하다
品目(ひんもく) : 품목

주해

1) 快(こころよ)い : 기분 좋다, 상쾌하다.
⇨ 涼(すず)しい風がふいていて, ほんとうに<u>快い</u>朝でした。［使い分け］
(시원한 바람이 불고 있어서, 정말 상쾌한 아침이었습니다.)
⇨ 心配ごとがないと, <u>快く</u>ねむることができる。
(염려할 일이 없으면 기분 좋게 잘 수 있다.)

2) 除(のぞ)く : 없애 버리다, (같은 패거리에) 넣지 않다, 더하지 않다.
⇨ はたけの雑草(ざっそう)を<u>除く</u>。
(밭의 잡초를 제거하다.)
⇨ みちのまん中にころがっている大きな石をわきに<u>除い</u>ておいてください。
(길 한가운데에 굴러다니는 큰 돌을 옆으로 치워 주세요.)
⇨ あのふたりを<u>除い</u>てほかは全部出席(しゅっせき)します。
(그 두 사람을 제외한 나머지는 전부 출석합니다.)

3) 浴(よく)する : 쬐다, 혜택을 입다.
⇨ 冬でも日光(にっこう)に<u>浴し</u>, 健康(けんこう)な体を作りましょう。
(겨울에도 일광욕을 하여 건강한 몸을 만듭시다.)
⇨ 雨がやんで日(ひ)が<u>浴する</u>。

(비가 그치고 햇볕이 내리쬐다.)

⇨ 危(あぶ)ない瞬間(しゅんかん), 彼から恩恵(おんけい)に浴した。

(위험한 순간 그에게 은혜를 입었다.)

4) 頑張(がんば)る : 인내하여 노력하다, 움직이지 않다, 강하게 밀고 나가다.

⇨ かなり疲(つか)れたが, がんばってとうとう頂上(ちょうじょう)まで登(のぼ)った。

(상당히 지쳤으나, 힘껏 노력하여 드디어 정상까지 올라갔다.)

⇨ あの子はさっきからテレビの前にがんばって, 野球(やきゅう)を見ている。

(저 애는 아까부터 TV 앞에서 꼼짝 않고 야구를 보고 있다.)

⇨ 自分が正(ただ)しいと言ってがんばりつづけた。

(자신이 옳다고 말하고 계속 밀고 나갔다.)

5) 絶(た)やす : 끊다, 없애다.

⇨ 春子さんは笑顔(えがお)を絶やさない人だ。

(하루코 씨는 웃음이 끊이지 않는 사람이다.)

⇨ 火を絶やさぬようにする。

(불을 꺼지지 않게 하다.)

⇨ 雑草(ざっそう)の根(ね)を絶やすのはかんたんなことではない。

(잡초의 뿌리를 없애는 일은 간단한 것이 아니다.)

6) 盛(も)り込(こ)む : (그릇에 여러 가지 물건을) 함께 담다,
(여러 가지 생각, 고안 등을) 포함시키다, 종합하다.

⇨ 重箱(じゅうばこ)にいろいろの料理(りょうり)を盛り込む。

(찬합에 갖가지 요리를 담다.)

⇨ 話(はなし)の中にユーモアを盛り込む。

(이야기하는 중에 유머를 넣다.)

⇨ 会社が海外(かいがい)へ発展するために, さまざまなアイディアをもりこんだ製品(せいひん)を作ってください。

(회사가 해외로 발전하기 위해서 여러 가지 아이디어를 종합한 제품을 만들어주세요.)

7) 譲(ゆず)る : 양도하다, 다른 사람을 앞으로 하다.

⇨ 私には子どもにゆずる財産(ざいさん)がない。

(나에게는 자식에게 물려줄 재산이 없다.)

⇨ アメリカ人は電車にのったり, へやにはいったりするとき, 女の人に先を譲る。

(미국인은 전차를 타거나 방에 들어가거나 할 때, 여성에게 앞을 양보한다.)

⇨ 電車に年をとった人が乗ってきたら席(せき)をゆずりなさい。

(전차에 나이 많은 사람이 오르면 자리를 양보하세요.)

8) ちょっぴり : (副) 조금. (= 少し, わずか)

⇨ ちょっぴり給料(きゅうりょう)があがった。

(월급이 약간 올랐다.)

⇨ この料理がちょっぴり塩(しお)からくて, あまり食(く)わなかった。

(이 요리가 약간 짜서 그다지 먹지 않았다.)

9) こごと(小言) : 불평, 잔소리.

⇨ なにを言いつけてもこごとばかり言ってやろうとしない。

(무엇을 시켜도 투덜거리기만 하고 일을 하려들지 않는다.)

⇨ 最善(さいぜん)を尽(つく)して戦(たたか)う後はこごとを言わない。

(최선을 다해 싸운 후에는 불평을 하지 않는다.)

⇨ 父親(ちちおや)から小言を食(く)らう。

(아버지로부터 잔소리를 듣다.)

10) 振(ふ)り : (사람이 겉으로 나타내는) 모습, 외향,

(정말은 그렇지 않은데, 그렇게 보이는 듯한 모습을 하는

것) ～인체. (「～をする」 : ～인 체하다)

⇨ 人の振りを見て我が振りを直(なお)せ。

(남의 행동을 보고 자기 행동을 고쳐라.)

⇨ 変(か)わった振りをした人が通(とお)り合(あ)わせた。

(별난 모습을 한 사람이 마침 지나갔다.)

⇨ 見て見ぬふりをする。

(보고도 못 본체 하다.)

⇨ 親切(しんせつ)な振りをする。

(친절한 척하다.)

11) 催し物(もよおしもの) : 공연, 전시, 연예 등 여러 가지 모임이나 행사. イベント(event).

⇨ 秋は美術関係(びじゅつかんけい)の催し物が多い。

(가을에는 미술관계의 행사가 많다.)

cf) 催(もよお)す : (사람을 모아 행사 등을) 개최하다,
(기분 등을) 불러일으키다, 느끼다, 마렵다.

⇨ 彼は身障児(しんしょうじ)のためにチャリティ-ショ-を催した。

(그는 신체장애 아동을 위해 자선쇼를 개최했다.)

⇨ 朝の運動は食欲(しょくよく)を催して, 健康(けんこう)を保(たも)つ。

(아침의 운동은 식욕을 불러일으키고 건강을 지키게 한다.)

⇨ 眠気(ねむけ)を催した。

(잠이 왔다.)

⇨ ぼくはにわかに便意(べんい)を催した。

(나는 갑자기 변이 마려웠다.)

12) お見えになる : 오시다. (「くる」의 존경어, 「お見えの+N」 : 「오신+N」)

⇨ お客(きゃく)さまがお見えになったら, すぐお茶(ちゃ)をお出ししましょう。

(손님이 오시면 바로 차를 내놓겠어요.)

⇨ こちらにお見えのかたは私たちの引率の先生です。

(이 쪽에 오신 분은 우리들의 인솔 선생님입니다.)

13) 厳(おごそ)かだ : 엄숙하다, 위엄이 있다.

⇨ おごそかに儀式(ぎしき)を行(おこな)う。

(엄숙하게 의식을 거행하다.)

⇨ 急に教室が厳かな雰囲気(ふんいき)になった。

(갑자기 교실이 엄숙한 분위기가 되었다.)

⇨ おごそかな態度(たいど)をとる。

(위엄 있는 태도를 취하다.)

14) 奏(かな)でる : 연주하다.

⇨ 若者が奏でるギターの音に, むすめはうっとりと聞(き)き入(い)っている。〔現代〕

(젊은이가 연주하는 기타소리에 딸은 넋을 잃고 듣고 있다.)

⇨ 国歌(こっか)を奏でるやいなや, みんなが敬礼(けいれい)をする。

(국가를 연주하자마자 곧 모두가 경례를 한다.)

15) しんぼう(辛抱) : (괴롭고 고통스러운 것을) 참는 것.

⇨ どんなにいやなことがあっても, 辛抱してはたらきなさい。

(아무리 싫은 일이 있더라도 참고 일하세요.)

⇨ 今までは, がまんしていたが, もう辛抱できなくなった。

(지금까지는 참고 있었지만 더 이상 참을 수 없어.)

⇨ お前は, 辛抱づよい子だから, 決して泣かないね。

(너는 참을성 강한 아이니까 정말 울지 않지.)

16) 深々(ふかぶか)と : 매우 깊은 모양, 깊숙이 (= deeply).

⇨ 社長は遺族(いぞく)に深々と頭を下(さ)げた。

(사장님은 유족에게 깊이 머리를 숙였다.)

cf) 深々(しんしん)と : 조용히 깊어 가는 모양, 고요하고 아늑한 모양, 추위가 몸에 스미는 모양.

⇨ 雪の夜は深々とふけていく。

(눈이 오는 밤은 소리 없이 깊어간다.)

⇨ 夜がしんしんと更(ふ)ける。

(밤이 고요하게 깊어간다.)

⇨ 寒さが体に深々とこたえる。

(추위가 몸에 오싹오싹 스며들다.)

17) おじぎ(御辞儀) : (머리를 숙여 허리를 굽히는) 인사, 사양(辞譲).

⇨ おじぎは東洋(とうよう)のあいさつの習慣(しゅうかん)である。

(인사는 동양의 인사습관입니다.)

⇨ せっかくですからおじぎなしにいただきます。

(모처럼 주시는 것이니까 사양 않고 받겠습니다.)

18) 引(ひ)き付(つ)ける : 끌어당기다, 사로잡다, 경련을 일으키다.

⇨ じしゃくが釘(くぎ)をひきつける。

(자석이 못을 끌어당기다.)

⇨ 人をひきつける力のある絵だ。

(사람을 사로잡는 힘이 있는 그림이다.)

⇨ ゆうべ子どもが急にひきつけをおこした。

(어젯밤 아이가 갑자기 경련을 일으켰다.)

19) 役目(やくめ) : 직무, 직분, 책임.

⇨ 私の役目は英語を教えることである。

(나의 일은 영어를 가르치는 일이다.)

⇨ 子どもを育てるのは親の役目だ。

(자식을 키우는 것은 부모의 책임이다.)

⇨ 彼は外交官としての役目をりっぱにはたした。

(그는 외교관으로서의 직무를 훌륭히 수행했다.)

20) 目(め)を走(はし)らせる : 눈을 돌리다.

⇨ 思わず目を走らせる。

(무의식중에 눈을 돌리다.)

⇨ 音(おと)のする方向(ほうこう)に目を走らせれば何もない。

(소리가 나는 쪽으로 시선을 돌려보면 아무 것도 없다.)

21) 保(たも)つ : 오래 유지하다, 보전하다, 보유하다. (= maintain, keep, hold)

⇨ 世界の平和(へいわ)を保つ。

(세계평화를 유지하다.)

⇨ 健康(けんこう)を保つには眠ることが必要だ。

(건강을 오래 유지하기 위해서는 잘 자는 것이 필요하다.)

⇨ 伝統(でんとう)を保っている。

(전통을 보전하고 있다.)

⇨ 若(わか)さは永遠(えいえん)に保てない

(젊음은 영원히 유지할 수 없다.)

⇨ 彼女は10年近く「テニスの女王」の座(ざ)を保っていた。

(그녀는 10년 가까이 테니스의 여왕자리를 보유하고 있다.)

22) 逃(のが)れる : 도망치다, 벗어나다, 피하다, 모면하다.

⇨ 敵(てき)の手をのがれた。

(적군으로부터 도망쳤다.)

⇨ 都会(とかい)の騒音(そうおん)をのがれる。

(도회의 소음을 벗어나다.)〔yp〕

⇨ 夏休み中は蒸(む)し暑い東京を逃れて那須(ナス)で過(す)ご予定です。

(여름방학동안은 찌는 듯한 동경을 피하여 나스에서 보낼 예정입니다.)

⇨ 危(あやう)く水難(すいなん)をのがれる。

(위태위태하게 물난리를 모면하다.)

23) 模様(もよう) : 디자인, 문양, 무늬, 모습.

⇨ ハンカチにきれいな模様を刺繍(ししゅう)した。

(손수건에 예쁜 문양을 수놓았다.)

⇨ あのさらには花の模様がはいっている。

(그 접시에는 꽃무늬가 들어 있다.)

⇨ 戦争当時の東京の模様をかたった。

(전쟁 당시의 도쿄의 모습을 이야기했다.)

⇨ 水玉(みずたま)模様のネクタイ。

(물방울 무늬 넥타이.)

⇨ 動物模様, 星模様の子供用ハンカチ。

(동물 무늬, 별 무늬의 어린이용 손수건.)

cf) 模様(もよう)だ : (문말어) ~ㄹ 모양이다, ~ㄹ 것 같다.

⇨ ひこうきの着く時間はおくれる模様である。

(비행기의 도착 시간은 늦을 모양이다.)

⇨ 気象庁(きしょうちょう)は今朝,「海底(かいてい)で噴火(ぶんか)があった模様だ」との内容の火山観測情報(かざんかんそくじょうほう)を出し, 注意を呼びかけた。

(기상청은, 오늘아침「해저에서 분화가 있었던 것 같다」는 내용의 화산 관측정보를 내보내고 주의를 환기시켰다.)

24)「V의 用 + きる」:「전부~하다」「끝까지~하다」,「완전히~하고 있다」

「대단히～하고 있다」(「～きっている」의 형).

⇨ この本はむずかしくて，1週間かかっても読みきることができませんでした。

(이 책은 어려워 일주일이 걸려서도 다 읽지 못했습니다.)

⇨ 少しお金をかしていただけませんか。 持っていたお金を使いきってしまったのです。

(돈을 조금 빌려주시지 않겠습니까? 가지고 있던 돈을 전부 써 버리고 말았어요.)

⇨ おりる人がみんなおりきらないうちに，のろうとするのはいけません。

(내리는 사람이 전부 내리지 않았는데, 타려고 하는 것은 안 됩니다.)

⇨ 金はないし，病気はするし，どうしたらよいのかわからず，こまりきっている。

(돈은 없고 병은 들고, 어쩌면 좋을지 몰라 대단히 곤란해 하고 있다.)

⇨ 先生の話がおもしろくないとみえて，学生はみんなたいくつしきった顔をしている。

(선생님의 이야기가 재미없게 보여, 학생들은 모두 대단히 지루해 하고 있다.)

[4-3]

본문

ヤング志向　足もと[1)]に気をつけよう! ここではだれもアメリカのように,「急いでください。早く」などとせきたてる[2)]ものはいない。とはいえ,[3)] 二階からソフトロック調のビートが聞こえてくると, 足は自然にかろやかに[4)]はずんでくる。ここにかぎらず, 岡田茂新社長が就任して以来,「三越のヤング志向」はいっそう決定的となった。 ヤングを意識した設営も多い。

日本の若者たちが両親や祖父母よりも大きな購買力をもっていることを, 岡田社長は早くから認めていた。たとえば, テレビ・スタジオにもなる銀座テレサ・レストランのようなヤング専門の店を考え出したのも, 彼なのである。

二階のいちばん奥はゴルフ・コーナーである。カスタム・メードのゴルフクラブを所望するゴルフ愛好家のための, 特設スタジオもある。スタジオにはビデオテープ・レコーダーが備えて[5)]あり, スイングをフィルムにおさめる[6)]だけでなく, クラブのスピードやインパクトの瞬間のボールのスピードまで測定してくれる。お客に五十回ぐらいスイングさせ, それをビデオテープにおさめると, 交代で常駐している専属プロが, クラブの選択やフォームについての適切なアドバイスを与えてくれる。

こんなことは日本だからこそ可能なのだ。なぜなら, ソニー製のこの器械は今までに四台しか製作されていないが, 四台とも外国へ輸出されたことはなく，そのうちの二台が三越に鎮座しているからである。

サービスから商品へ　　三階の婦人服売場。ここにも現代的経営感覚がきわだって[7]あらわれている。「ショップ・イン・ショップ」の制度がそれだ。

ショップ・イン・ショップ ― 小さな専門店は三階だけでなく他の階にもあるが，その典型がプラザ・コンテッサだ。プラザ・コンテッサではファッション・ショーが毎日開かれていて，女性客は紅茶を飲みながら，血行[8]をよくする話，女性ゴルフとか美容の講義に耳を傾けている。[9] プラザ・コンテッサは四千人の会員を持つ三越レディース・クラブの目玉商品[10]でもある。決まった会費を納める代わりにサマー・リゾートや水泳，乗馬のレッスンの費用を割引きしてもらえる。がっちり[11]顧客をとらえる[12]手がたい[13]デパート商法の産物なのだ。

東京に滞在している外国人旅行者や貿易業者は，銀行が締まってからもトラベラーズ・チェックや手持ちの外貨をデパートで交換できることを知っている。デパートは土，日はもちろん，平日でも銀行閉店後かなりおそくまで店を開いているからだ。

ところで，四階には着物，羽織，帯，浴衣，風呂敷などを置いているので，三越内部の人たちはこのフロアを「伝統商品のフロア」と呼んでいる。そう言われてみれば，うなずけ[14]ないこともない。茶室，屋内庭園や人工の池があって，三越でももっともくつろげる[15]ところだからだ。

また，すぐ近くに婚礼サロンがあり，ピエール・カルダン制作の枕とベッドカバーを展示している。わたしに言わせれば，「伝統商品のフロア」というより「日本調フロア」と言いたい。つまり，古いものと新しいものが混然一体となっている現代日本の姿が目のあたりにできる場所だからだ。

한자의 読み方

志向(しこう) : 지향
就任(しゅうにん) : 취임
意識(いしき) : 의식
若者(わかもの) : 젊은이
購買力(こうばいりょく) : 구매력
奥(おく) : 속, 안
愛好家(あいこうか) : 애호가
瞬間(しゅんかん) : 순간
交代(こうたい) : 교대
専属(せんぞく) : 전속
器械(きかい) : 기계
製作(せいさく) : 제작
鎮座(ちんざ) : 자리 잡음
婦人服(ふじんふく) : 부인복
経営(けいえい) : 경영
専門店(せんもんてん) : 전문점
典型(てんけい) : 전형
紅茶(こうちゃ) : 홍차
美容(びよう) : 미용
会費(かいひ) : 회비
乗馬(じょうば) : 승마
割引(わりび)き : 할인
産物(さんぶつ) : 산물
旅行者(りょこうしゃ) : 여행자
外貨(がいか) : 외화
土日(どにち) : 토, 일요일
閉店後(へいてんご) : 폐점 후
帯(おび) : 띠
風呂敷(ふろしき) : 보자기
自然(しぜん) : 자연
決定的(けっていてき) : 결정적
設営(せつえい) : 설영, 설치
祖父母(そふぼ) : 조부모
銀座(ぎんざ) : 긴자 (도쿄의 번화가)
所望(しょもう) : 소망
特設(とくせつ) : 특설
測定(そくてい) : 측정
常駐(じょうちゅう) : 상주
適切(てきせつ) : 적절
四台(よんだい) : 네 대
輸出(ゆしゅつ) : 수출
商品(しょうひん) : 상품
現代的(げんだいてき) : 현대적
感覚(かんかく) : 감각
三階(さんがい) : 삼층
開(ひら)く : 열리다
血行(けっこう) : 혈액순환
目玉商品(めだましょうひん) : 특별 할인 상품
納(おさ)める : 납부하다
費用(ひよう) : 비용
商法(しょうほう) : 상법
滞在(たいざい) : 체재
貿易業者(ぼうえきぎょうしゃ) : 무역업자
交換(こうかん) : 교환
平日(へいじつ) : 평일
羽織(はおり) : 하오리(겉옷)
浴衣(ゆかた) : 목욕 후 입는 홑옷
伝統(でんとう) : 전통

屋内(おくない) : 옥내	庭園(ていえん) : 정원
人工(じんこう) : 인공	婚礼(こんれい) : 혼례
枕(まくら) : 베개	混然一体(こんぜんいったい) : 혼연일체

주해

1) 足(あし)もと : 있는 자리 또는 그 주위, 걷는 모양, 발걸음.

⇨ 暗いですから足もとに気をつけてください。

(어두우니까 발밑을 조심하세요.)

⇨ 足もとに何か落ちているのに気がついた。

(발밑에 무언가 떨어져 있음을 알았다.)

⇨ 年よりなので足もとがあぶない。

(노인이기 때문에 발걸음이 위험하다.)

⇨ ほら, 足もとをみてごらん。 これがあなたのあゆむみち。 ほら, まえをみてごらん。 あれがあなたのみらい。 〔yp〕

(자, 발걸음을 보라! 이것은 당신이 걸어가는 길. 자, 앞을 보라! 그것은 당신의 미래.)

2) 急(せ)き立(た)てる : 서두르다, 재촉하다.

⇨ 借金(しゃっきん)の返済(へんさい)を急き立てる。

(빚 갚으라고 다그치다.)

⇨ 母親は子どもたちを急き立て, 早く学校に行かせた。

(엄마는 어린이들을 재촉하여 빨리 학교에 가게 했다.)

3) ~とはいえ : ~라고 하나, ~이지만 그러나. 〔= ~とはいっても, ~とはいうものの, とはいい条(じょう)〕

⇨ 小学校でも, よく適応(てきおう)しているとはいえ, 言葉(ことば)が不自由(ふ

じゆう)であることは, この子にとってどんなに大きな負担(ふたん)でしょう。〔yp〕

(초등학교에도 잘 적응하고 있다고는 하나, 말이 불편한 것은 이 아이에게 있어서는 대단히 큰 부담이 되겠지요.)

⇨ 歩くとはいっても, 人間のようにゆっくり一歩(いっぽ)ずつ歩くのとはちがう。

(걷는다고는 하지만 인간처럼 천천히 1보씩 걷는 것과는 다르다.)

⇨ この小説は、読んだことがあるとはいうものの, 二十年も前のことなのでどんな筋(すじ)かよく覚(おぼ)えていない。〔yp〕

(이 소설은 읽은 적이 있다 하더라도, 20년 전 일이기 때문에 어떤 줄거리인지 잘 기억하지 못하고 있다.)

⇨ 英語の先生とはいい条, 実(じつ)は一緒におやつを食べたり鬼(おに)ごっこをして遊んでくれる人だったのである。〔yp〕

(영어 선생님이라고 하나, 사실은 함께 간식을 먹기도 하고 술래잡기를 하며 놀아주는 사람이었다.)

4) 軽(かろ)やかだ : (Av) 경쾌하다, 가볍다, 가뿐하다.

⇨ 蝶(ちょう)が花のあいだを軽やかに飛(と)びまわる。

(나비가 꽃 사이를 경쾌하게 날아다닌다.)

⇨ 春は女子の軽やかな服装(ふくそう)から感じられる。

(봄은 여자의 가벼운 복장에서 느낄 수 있다.)

⇨ いとも軽やかに持(も)ち上(あ)げる。

(아주 가뿐하게 들어올린다.)

5) 備(そな)える : 준비하다, 갖추다.

⇨ 台風(たいふう)に備えて, 食べ物やろうそくなどを用意(ようい)しておきました。

(태풍에 대비해서 먹을 것과 양초 등을 준비해 두었습니다.)

⇨ この本は専門家(せんもんか)ならだれでも備えておくべきです。

(이 책은 전문가라면 누구라도 준비해 두어야 합니다.)

⇨ この部屋にはブースが50台備えてあります。

(이 방에는 부스가 50대 갖추어져 있습니다.)

6) おさめる：

① 収める：간수하다.

⇨ 金を何度も数(かぞ)えて，かばんに収めた。

(돈을 몇 번이나 세어서 가방에 넣어 두었다.)

⇨ この本を読み終えた時，あなたは心の本棚のどのカテゴリに収めるだろうか？

(이 책을 다 읽었을 때, 당신은 마음의 책꽂이에 어떤 카테고리 속에 넣어 둘 건지?)

② 納める：납부하다, 자기 것으로 하다.

⇨ 税金(ぜいきん)を納めるのはすべての国民の義務(ぎむ)だ。

(세금을 납부하는 것은 모든 국민의 의무이다.)

⇨ つまらないものですが，どうぞお納めください。

(보잘 것 없는 것이지만 부디 넣어 주세요.)

③ 修める：학업을 닦다, 수신하다.

⇨ 大学では英文学(えいぶんがく)を修めた。

(대학에서 영문학을 전공했다.)

⇨ 自分の身(み)を修めれば，家がおさまり国がおさまる。

(자신의 몸가짐을 바로 하면, 가정이 안정되고 나라가 평안하다.)

④ 治める：다스리다.

⇨ その王(おう)は三十年以上国を治めた。

(그 왕은 30년 이상 나라를 다스렸다.)

⇨ 家を治めるのは妻の仕事(しごと)ですよ。

(가정을 편하게 하는 것은 아내의 일입니다.)

7) 際(きわ)立(だ)つ : 뚜렷이 눈에 띄다.

⇨ 女優(じょゆう)の中でも彼女は際立って美しい。

(여배우 중에서도 그녀는 눈에 띄게 아름답다.)

⇨ パリできわだって美しい建物はルーブル美術館(びじゅつかん)です。

(파리에서 눈에 띄게 아름다운 건물은 루브르 미술관입니다.)

8) 血行(けっこう) : 혈액순환.

⇨ 運動は血行をよくする。

(운동은 혈액순환을 좋게 한다.)

⇨ 血行が不調(ふちょう)で, 顔色がわるい。

(혈액순환이 좋지 않아 안색이 나쁘다.)

⇨ 女性客は紅茶を飲みながら, 血行をよくすることに対して言っている。

(여성고객은 홍차를 마시면서, 혈액순환이 잘 되는 것에 대해서 이야기를 하고 있다.)

⇨『大腸(だいちょう)ガンを予防し血行を良くするショウガ』(서명)

(『대장암을 예방하고 혈액순환을 좋게 하는 생강』)

9) 耳(みみ)を傾(かたむ)ける : 주의해서 듣다, 귀를 기울이다.

⇨ 生徒たちは先生の話に耳をかたむけていた。

(학생들은 선생님의 말씀에 귀를 기울이고 있었다.)

⇨ 他の重役(じゅうやく)たちも, 働き盛(ざか)りで積極的(せっきょくてき)な性格を持っている田中の言葉に耳をかたむけた。

(다른 중역들도, 한창 일할 나이로 적극적인 성격을 가지고 있는 다나카의 말에 귀를 기울였다.)

10) 目玉商品(めだましょうひん) : (백화점 등에서 손님을 끌기 위해 값을 내

린) 특매품.

⇨ 無料宅配！お届(とど)け便(びん) ― 超<u>目玉商品</u>！(home shopping)

(전국무료택배! 송달편 ― 초 특매품)〔yp〕

⇨ 当店おすすめの<u>目玉商品</u>。

(당점에서 추천해 드리는 특매품.)

⇨ <u>目玉商品</u>はお一人様1アイテム2本までとさせていただきます。〔상품광고〕

(특매품은 일인 손님에게 한 가지 아이템을 두개까지 서비스합니다.)

cf) 目玉(めだま) : 눈알, 안구. (「目玉が飛び出る」 : 심히 꾸중을 들었을 때나 가격이 너무 비싸 놀랐을 때)

⇨ 彼女は<u>目玉</u>をぎょろつかせている。

(그녀는 눈알을 굴리고 있다.)

⇨ その外車(がいしゃ)には<u>目玉</u>が飛び出るような値(ね)がついていた。

(그 외제 차는 놀랄 정도로 엄청난 가격이 붙어 있었다.)

11) がっちり : (사람의 체격이나 물체의 구조 등이) 튼튼하고 견실한 모양, 빈틈없는 모양.

⇨ 彼は若者の時から運動をして, <u>がっちり</u>した体格(たいかく)を持っている。

(그는 어렸을 때부터 운동을 해서, 튼튼한 체격을 가지고 있다.)

⇨ この機械(きかい)は<u>がっちり</u>組(く)み合(あ)わせていて, 僕としては敢(あ)えて意欲(いよく)さえも出し得(え)ない。

(이 기계는 빈틈없이 맞추어져 있어, 나로서는 감히 엄두조차 못 내겠다.)

12) とらえる : 붙잡다, 파악하다, 이해하다.

⇨ 巡査(じゅんさ)がどろぼうを<u>とらえ</u>た。

(순경이 도둑을 잡았다.)

⇨ 当局(とうきょく)はやっとその汚職事件(おしょくじけん)の真相(しんそう)をとらえた。

(경찰은 간신히 그 부정사건의 진상을 파악했다.)

⇨ 読解問題(どっかいもんだい)では文章の要旨(ようし)をとらえた。

(독해문제에서는 문장의 요지를 이해했다.)

13) 手堅(てがた)い : 견실하다, (시세가 떨어질)염려가 없다.

⇨ 彼は手がたい方法(ほうほう)で, 会社を経営(けいえい)している。

(그는 견실한 방법으로 회사를 경영하고 있다.)

⇨ 今日の食品株(しょくひんかぶ)は手がたいところを見せた。

(오늘의 식품주는 시세의 보합을 유지하였다.)

14) うなず(頷)く : (고개를) 끄덕거리다, 찬성하다, 수긍하다.

⇨ 子どもたちは先生の話を一つ一つうなずいて聞いていた。

(어린이들은 선생님의 이야기를 하나하나 끄덕이며 듣고 있었다.)

⇨ あなたが説明すれば, みんなおとなしくうなずいてくれるだろう。

(당신이 설명하면 모두 고분고분 수긍해 줄 것이다.)

15) くつろげる : (他) 심신의 여유를 갖게 하다, 편안하게 하다, (옷 따위를) 늦추다, 느슨하게 하다.

⇨ この喫茶店(きっさてん)は客の気持をくつろげる雰囲気(ふんいき)をそそっている。

(이 커피숍은 손님의 기분을 편하게 하는 분위기를 자아내고 있다.)

⇨ 帯(おび)をくつろげで, おなかいっぱい食う。

(허리끈을 풀고 배불리 먹는다.)

[4-4]

본문

三越五階のハウジング・センターでは家や別荘，アパートや避暑地のコテッジまで売っている。むろん,[1] 家具調度品をととのえる[2]こともできる。家ばかりではない。三越では「旅行」 まで売っているのだ。

「サービスを売ることによって初めて[3]われわれは商品を売ることができるのです。」とある幹部は言う。「たとえばわたしどもはまずヨットクラブをつくって初心者にヨットやボートの楽しさを紹介し，次にみなさんがライセンスを取るための講習会を開きます。 そして初めて，このかたがたにボートを売ることができるというわけなのです」

さて，そろそろ[4]空腹になりませんか。 六階にある大食堂には洋食，すし，そば，中華料理などが用意されていて，値段も比較的安い。

「六階と七階の二つの大食堂には，約二百種類のメニューが用意されていて，ここで食事をするためだけに来店されるお客様もかなりあります。ショッピングの途中でお客様が空腹を覚え，食事のために店を出てしまったら，もう一度わざわざ[5]戻って来てはくれないでしょうからね」と食堂主任は言う。

三越はまたハトバス[6]の午後の観光コースにもはいっている。定休日の月曜日をのぞいた毎日午後四時過ぎ，バスで到着した三十人あまりの観光客は六階「菊の間」に案内される。日本の上流階級の結婚式の花嫁衣装を外人客に見せるフアッション・ショーだ。オルガンの音がテープから流れ，英語の解説もつく。花嫁が入場する(もちろんモデルだ)。彼女は金，赤，緑などの目もあやな[7]豪華な絹の衣装をまとって[8]いる。

六階にはいま一つ,[9] 欧米のデパートではついぞ[10]お目にかかれないものがある。 座席数六百の劇場で，入場料をとって伝統音楽や商業演劇，子供のためのショーなどを随時催している。

ヒスイの仮面　　本店の五つのアート・ギャラリーを拝見する。[11] 今日は中国陶器展，広重[12]や国芳，北斎等の浮世絵展,[13] それに名墨展なども人を集めている。なぜデパートがこんなに展示場をそろえ，催し物を次々に[14]行ない，「文化」的行事に重点をおいているのか，外国部長犬塚寿一氏はこんなエピソードを話してくれた。

한자의 読み方

別荘(べっそう) : 별장
家具調度品(かぐちょうどひん) : 가구 세간품
楽(たの)しさ : 즐거움
講習会(こうしゅうかい) : 강습회
空腹(くうふく) : 공복
洋食(ようしょく) : 양식
用意(ようい) : 준비
比較的(ひかくてき) : 비교적
食事(しょくじ) : 식사
途中(とちゅう) : 도중
戻(もど)る : 되돌아가(오)다
観光(かんこう) : 관광
四時過(よじす)ぎ : 4시 지남
上流階級(じょうりゅうかいきゅう) : 상류계급
花嫁衣装(はなよめいしょう) : 신부 의상
解説(かいせつ) : 해설
彼女(かのじょ) : 그녀
避暑地(ひしょち) : 피서지
初心者(しょしんしゃ) : 초보자
紹介(しょうかい) : 소개
開(ひら)く : 열다
大食堂(だいしょくどう) : 대 식당
中華料理(ちゅうかりょうり) : 중화요리
値段(ねだん) : 가격
種類(しゅるい) : 종류
来店(らいてん) : 가게에 옴
お客様(きゃくさま) : 손님
主任(しゅにん) : 주임
定休日(ていきゅうび) : 정기휴일
到着(とうちゃく) : 도착
結婚式(けっこんしき) : 결혼식
外人客(がいじんきゃく) : 외부 손님
入場(にゅうじょう) : 입장
金, 赤, 緑(きん, あか, みどり) : 금색, 적색, 녹색
豪華(ごうか)だ : 호화롭다
欧米(おうべい) : 유럽 및 미국
劇場(げきじょう) : 극장
伝統音楽(でんとうおんがく) : 전통음악
随時(ずいじ) : 수시
本店(ほんてん) : 본점
陶器展(とうきてん) : 도기전
名墨展(めいぼくてん) : 묵화 전
重点(じゅうてん) : 중점
外国部長(がいこくぶちょう) : 외국부장
絹(きぬ) : 비단
座席数(ざせきすう) : 좌석수
入場料(にゅうじょうりょう) : 입장료
商業演劇(しょうぎょうえんげき) : 상업 연극
仮面(かめん) : 가면
拝見(はいけん)する : 「見る」의 겸양어
浮世絵展(うきよえてん) : 풍속화전
展示場(てんじじょう) : 전시장
行事(ぎょうじ) : 행사

주해

1) 無論(むろん) : 물론.

⇨ 彼は英語はむろんのこと, フランス語もできる。

(그는 영어는 물론이고 프랑스어도 할 수 있다.)

⇨ 無論, 東京大学は長い間にわたって教務職員問題の解決に継続的な努力をしてきました。 その努力にもかかわらず…。

(물론 동경대학은 오래 동안 교무직원문제해결에 지속적인 노력을 해왔습니다. 그러한 노력에도 불구하고….)

2) 整(ととの)える : 가지런히 하다, 정돈하다, 조절하다, 갖추다.

⇨ 兵士達(へいしたち)は足なみを整えて行進(こうしん)をしている。

(병사들은 발을 맞추어 행진을 하고 있다.)

⇨ 体操選手(たいそうせんしゅ)は息(いき)を整えて飛(と)び越(こ)えた。

(체조선수는 숨을 가다듬고 뛰어넘었다.)

⇨ 学生は服装(ふくそう)を整えなければならない。

(학생은 복장을 단정히 갖추지 않으면 안 된다.)

3) 初(はじ)めて : 비롯하여, 처음으로, 비로소.

⇨ 新しいたばこは東京を初めて, 全国の主な都市(とし)で売(う)り出(だ)された。

(새로운 담배는 동경을 비롯해서 전국의 주요 도시에서 팔리기 시작했다.)

⇨ オキナワ生まれの絵理子(えりこ)はきのう生まれて初めて雪を見たそうだ。

(오키나와 태생의 에리코는 어제 태어나서 처음으로 눈을 봤다고 한다.)

⇨ 友達を失(うしな)って初めて友達の大切(たいせつ)さに気付(きづ)いた。

(친구를 잃고 나서 비로소 친구의 소중함을 깨달았다.)

4) そろそろ : 슬슬 (= まもなく), 천천히 (= ゆっくり).

⇨ 私の妹も二十四だから, そろそろ結婚してもよい年だ。

(내 여동생도 스물 네 살이기 때문에 슬슬 결혼해도 좋은 나이다.)

⇨ そろそろ昼食(ちゅうしょく)だ。

(이제 슬슬 점심시간이다.)

⇨ そろそろ冬だなあ。

(이제 얼마 안 있으면 겨울이야.)

⇨ 水のいっぱい入ったバケツを手に持って彼女はそろそろと歩いた。

(물이 가득 든 양동이를 손에 들고 그녀는 천천히 걸었다.)

5) わざわざ : 일부러.

⇨ あなたに会うためにわざわざ来たのではありません。 近所(きんじょ)まで来たついでによってみたのです。

(당신을 만나기 위해 일부러 온 것이 아니에요. 근처에 온 김에 잠깐 들려본 거예요.)

⇨ 朴教授はわざわざ私のために原稿(げんこう)をタイプしてくれた。

(박 교수는 일부러 나를 위해서 원고를 쳐주었다.)

cf) 「わざと」: 고의로, 일부러. (「わざわざ」보다 악의적이고 자기이익을 생각함, = intentionally)

⇨ わたしは碁(ご)で部長にわざと負(ま)けてやった。

(나는 바둑에서 부장님에게 일부러 져 주었다.)

⇨ だれかがわざとやったのか, こんな所におもちゃのへびが置いてある。〔現代〕

(누군가 일부러 했는지 이런 곳에 장남감 뱀을 놓아두었다.)

6) ハトバス : 하토(관광)버스

도쿄 시내를 단체 여행시켜 주는 독특한 프로그램으로 여행자를 위한

전용버스이다. 도쿄 역 앞에서 출발하여 한나절 코스, 하루코스, 야간 코스 등 다양하다. 시간이 없는 사람이나 도쿄 근교의 닛코(日光)나 센다이(仙台) 등을 다녀올 때도 이용하면 편하다. 요금도 싸고, 도쿄 구석구석을 효과적으로 돌아볼 수 있다. 「주식회사 はとバス」가 운행하는 버스의 통칭으로 정기관광이나 대절 등의 사업을 행하고 도쿄도내의 정기관광버스의 대명사로 일반사람들에게 친숙해 있다.

<보설>

코스를 정하여 하토(はと)버스를 타면 편리하게 여행을 할 수 있다. 동경시내의 주요부는 물론 가까운 지방까지 하루에 돌 수 있고 아주 친절한 일본인 가이드가 각 명소마다 설명을 해주므로 유익한 시간을 보낼 수 있다. 또 계절에 따라 무료로(여행비에 포함)포도나 딸기 등 과일을 맘껏 먹을 수 있는 코스도 있어 즐겁다. 하토 버스의 코스는 아주 다양한데, 잘 선택하면 짧은 시간 내에 유익하고 재미있는 여행을 할 수 있다.

A. 관광 장소

① **황궁** : 옛 일본 에도시대 城의 유적지로 잘 알려진 이곳은 현재 일본 천황과 그 일가가 살고 있는 궁이다. 황궁 즉 내원은 1년에 두 번 신정과 천황생일(12월23일)에만 공개된다. 여기에서 가장 가까운 전철역은 도쿄역.

② **국회의사당** : 오피스의 거리, 정치의 거리라고 불리고 있는 아카사카(赤坂)에 위치한 국회의사당은 1920년에 착공되었다. 나라의 위신을 세우는 건축물이라 하여 17년에 걸쳐 완성되었다.
개관시간 : 9:00-17:00

③ **NHK스튜디오 파크** : 일본 최대의 방송국으로 일본의 연예인을 만날 수도 있다.
휴관 : 둘째 주 월요일
개관시간 : 10:00-17:30

요금 : 어른-200엔, 중고생-150엔, 초등학생이하-무료
장소 : JR시부야역 하치코(ハチ公)입구에서 도보10분/ JR하라주쿠역 공원출구에서 도보10분

④ **영빈관(迎宝館)** : 구 아카사카(赤坂)의 궁을 수리하여 1974년부터 해외로부터의 영빈을 맞이하기 위한 시설이 되었다. 주로 숙박, 회의, 만찬 등을 위한 장소로 이용되고 있다. 외관은 버킹검 궁전, 내관은 베르사이유 궁전을 모델로 건축되었다고 한다.
장소 : JR요츠야(四谷)역의 요츠야 출구에서 도보 3분

⑤ **동경타워** : 높이 333m의 종합 전파탑. 지상 150m에는 대 전망대, 250m에는 특별 전망실이 있음. 낮의 전망도 좋지만 네온사인에 둘러싸인 야간 전망은 더욱 낭만적이다. 맑은 날은 후지산도 볼 수 있다. 타워 아래의 동경 타워 빌딩에는 관상어 전문 수족관, 아트 겔러리, 인형관등의 시설도 있다. 물론 음식점이나 찻집도 많다.
연중 무휴, 이용시간 : 9:00-20:00 (11/16-3/15은 19:00까지)
이용요금 : 대전망대까지-어른 820엔, 대전망대에서 특별전망대까지-어른 600엔

⑥ **카사이(葛西) 임해수족원** : 공원 내에는 임해 수족원과 조류원이 있으며 밤에는 전체가 라이트 업 되어 분위기 만점. 동경 디즈니랜드의 화려한 야경을 바라보면서 느긋이 산책할 수 있다. 수상버스를 이용해도 또 다른 분위기를 즐길 수 있다.

B. <u>코스종류</u>

① **반나절 코스**
<코스> : 황궁 → 국회의사당 → NHK스튜디오 파크 → 영빈관(迎宝館)→ 록본기(六本木) → 동경타워
<요금> : 어른 6,900엔, 어린이 4,800엔 (식사 포함,03)
<소요시간> : 약5시간

② 동경명소 3군데 코스

<코스> : 황궁 → 아사쿠사 센소지(浅草, 浅草寺)와 나카미세(仲見世) → 동경타워

<요금> : 어른 5,500엔, 어린이 3,100엔

<소요시간> : 약4시간 30분

③ 동경 하루 코스

<코스> : 황궁 → 야스쿠니 신사(靖国神社) → 아사쿠사 센소지와 나카미세(仲見世) → 동경타워 → NHK스튜디오 파크

<요금> : 어른 9,500엔, 어린이 6,400엔 (식사 포함)

<소요시간> : 약8시간

④ 동경 하이라이트 코스

<코스> : 동경도청(東京都庁) → 유리카모메(ゆりかもめ) → 오다이바(お台場) 산책

<요금> : 어른 7,100엔, 어린이 4,800엔 (식사 포함)

<소요시간> : 6시간

⑤ 화제의 거리 둘러보기 코스

<코스> : NHK스튜디오 파크 → 에비스가든 플레이스(恵比寿ガーデンプレイス) → 오다이바(お台場)산책 → 수상버스

<요금> : 어른8,600엔, 어린이 5,800엔 (식사포함)

<소요시간> : 약6시간 30분

⑥ 동경 항만 코스

<코스> : 동경 미나토관(東京みなと館) → 오다이바(お台場)산책 → 카사이(葛西) 임해수족원 → 수상버스

<요금> : 어른 8,900엔, 어린이 50,000엔 (식사포함)

<소요시간> : 약7시간

7) 目(め)も綾(あや)な : (연어) 눈부시게 화려한, 찬란한.

⇨ 花嫁は目もあやなドレスを着て入場した。

(신부는 눈부시게 화려한 드레스를 입고 입장했다.)

⇨ 今はここ数日(すうじつ)の好天(こうてん)で海は目も綾なコバルトブルー。広々(ひろびろ)としたビーチは目路(めじ)の果(は)てまで続き, 波打(なみう)ち際(ぎわ)にはレースの縁飾(ふちかざ)りのような白い波(なみ)が砕(くだ)けています。

(지금은 최근 몇 일간의 좋은 날씨로 바다는 찬란한 코발트 블루색. 넓디 넓은 해변 가는 시야가 보이는데 까지 계속되고 파도치는 가장자리에는 레이스의 끝매듭 같은 하얀 파도가 부서지고 있다.)

cf) 綾(あや) : (사선으로 교차된) 줄무늬, (여러 가지 무늬를 짜 넣은) 비단.

⇨ 綾織(あやおり) (능직)

⇨ 金銀(きんぎん)さんご綾錦(あやにしき)

(금은 산호에 갖은 비단)

8) まと(纏)う : 두르다, (옷을) 몸에 걸치다.

⇨ 彼女は, 身にはぼろをまとっていても心は錦(にしき)だ。

(그녀는 몸에는 누더기를 걸치고 있어도 마음은 비단 같다.)

⇨ 糸(いと)を指(ゆび)にまとった。

(실을 손가락에 감았다.)

9) 今一(いまひと)つ : 하나 더, 또 하나 (= さらに, もうひとつ, one more), 조금만 더 (뭔가 조금 부족하여 만족스럽지 않은 모양 = いまいち)

⇨ 一応(いちおう)の解決(かいけつ)を見たが, 今一つの問題が起った。

(일단 해결을 봤는데 또 하나 문제가 일어났다.)

⇨ 彼は今一つ努力だが, たりないようだ。

(그는 조금만 더 노력하면 될 터인데 부족한 것 같다.)

10) ついぞ～ない : (부정동반) 여태껏～없다.

⇨ 私の家についぞ見慣(みな)れない男が入って来て驚(おどろ)いた。

(우리 집에 여태껏 한번도 본 적이 없는 남자가 들어와 깜짝 놀랐다.)

⇨ そのことについてはついぞ深く考えてみたことがない。

(그 일에 대해서는 여태껏 깊이 생각해 본 적이 없다.)

11) 拝見(はいけん)する : 삼가 보다 (「見る」의 겸양어).

⇨ 先生のお手紙を拝見しました。

(선생님께서 보내주신 편지를 잘 받아 보았습니다.)

A : どうぞゆっくりご覧(らん)ください。

(자 천천히 보십시오.)

B : ありがとうございます。では拝見させていただきます。

(감사합니다. 그럼 보겠습니다.)

12) 에도시대의 우키요예(浮世絵) 화가

① 安藤広重(あんどうひろしげ, 1797～1858)

에도(江戸)시대 말기의 우키요예(浮世絵) 화가. 歌川広重(うたがわひろしげ) 라고도 한다. 많은 유파의 장점과 서양의 원근법을 연구했다. 우키요예 풍경판화로 대성했고 프랑스인상파에도 영향을 주었다고 한다. 『東海道(とうかいどう)五十三次(つぎ)』(日本橋 위를 지나가는 그 당시의 사람의 풍속이 잘 묘사되어 있음), 『江戸名所百景(えどめいしょひゃっけい)』 등이 유명하다.

② 歌川国芳(うたがわくによし, 1797～1861)

어렸을 때부터 우와에(上絵: 희게 염색을 한 바탕에 그린 그림)를 그렸는데, 문정(文政)말년에 발표한 니시키에(錦絵: 풍속화를 색도 인쇄한 목판화)로 크게 평판을 받았다. 여러 유파의 그림을 공부하고, 그 위에 서양판화를 접목시켜 풍경화의 새로운 경지를 열어 메이지(明治)시대 판화의 기원이 되었다.『風俗水滸伝豪傑百八人』 등이 있다.

③ 葛飾北斎(かつしかほくさい, 1760～1849)

일본, 서양, 중국의 화법을 연구해, 독자적인 솜씨를 보였다. 풍경화에 뛰어나고 사시에(挿絵 : 삽화)와 만화에도 훌륭한 작품이 많다. 대표작『富嶽(ふがく)三十六景』(1831경)이 있다. 이 그림 한가운데의 배경을 보면 후지산이 작게 보이고 그 앞에 파도치는 모습이 크게 묘사되어 있다.

13) 浮世絵(うきよえ)

265년간(1603～1867)의 도쿠가와(徳川)시대라고도 하는 에도(江戸)시대에 서민들의 생활, 화류계의 유흥 등을 주제로 그린 그림이다. 봉건사회에서 경제력의 실권을 쥐고 있던 신흥 초우닌(町人)계급의 오락적인 생활관, 세태인정(世態人情)을 잘 반영하고 있다. 에도시대 초기에는 붓으로 그린 그림이었으나 그 후에 목판화로 바뀌었다. 에도에서 발달한 것과 관련지어「江戸絵」라 한다. 美人画, 役者絵, 風景版画 등이 인기를 끌었으며 유럽의 인상파에 영향을 주었고 에도 말에서 메이지에 걸쳐 쇠퇴하였다.

14) 次々(つぎつぎ)に : 연달아.

⇨ 会社に<u>次々に</u>仕事が出来て, 休める時間がない。

(회사에 연달아 일이 생겨서 쉴 시간이 없다.)

⇨ 高速道(こうそくどう)で交通事故(こうつうじこ)が<u>次々に</u>起(おこ)って, 交通がまひした。

(고속도로에서 교통사고가 연달아 일어나 교통이 마비되었다.)

[4-5]

본문

「一昨年メキシコのエチェバリア大統領が来日されたときのことです。岡田社長が大統領にお会いして，パレンケ[1)]の王墓から一九五二年に発掘された『マヤ[2)]のヒスイの仮面[3)]』を三越にお貸しいただきたいとお願いしました。大統領は申請先[4)]の担当官をご紹介くださり，推薦状までくださいました。が,『ヒスイの仮面』はおいそれと[5)]日本にやってはきません。メキシコ当局はこう言うのです。『なぜ,われわれの最高の秘宝がデパートに行かなければならないのですか。 わが国では国の博物館にたいせつに保管しているんですよ』交渉役[6)]の三島君は言ったそうです。『日本は百二十年前の開国以来，外国文化を急速に吸収しようと努めてきました。まだ博物館の数は少ないし，訪れる人もあまり多くないのです。だから海外事情を知らせる役割は新聞社とデパートがはたして[7)]きました。アポロ十二号が持ち帰った月の石を三越に展示したように，各国の貴重な宝物を一般に展示するには日本ではデパートがいちばんふさわしいところなんです』」

千百年から千二百年のあいだ門外不出[8)]だった「バレンケのヒスイの仮面」は，一昨年七月，ついに[9)]メキシコを離れ二週間にわたって三越七階のギャラリーに展示されたそうだ。

家族連れは屋上へ　買物を家族総出[10]の楽しいピクニックに変えるのは，デパートの屋上である。 これは三越にかぎらず，日本のどこのデパートにも共通していることだ。生きた象やライオンを飼っているデパートがある。もし客が喜べば象の兄弟をインドやタイから呼び寄せる[11]ことだって[12]しかねない。[13] デパートのかき入れどき[14]の日曜日。子供連れ[15]の親は，動物園にするかデパートにするかを迷う。[16] 日曜日でない今日でも屋上庭園には家族連れがいて，人工の滝をながめながら屋外ランチを楽しんだり，スカイビュッフェでスナックを食べたりしている。

屋上の野外劇場のステージで行われるポップ・シンガーやフラダンサーの踊りを見ている組[17]もある。商売の神様・大黒天[18]をまつった[19]お社[20]におまいりしている人もいる。ここへは三越の店員もよくおまいりするそうだ。

現代日本のなかで古いものと新しいものが背中合わせにくっつき,[21] 鮮烈な対照と調和をみせながら共存している場所 — それがデパートだ。一六七三年から今日まで三百年という歴史をもつ三越の，地下一階から屋上まで，着物からミニスカートまでのなかには，こうした日本の姿がすみずみ[22]までしみわたって[23]生きているのだ。

한자의 読み方

一昨年(おととし, いっさくねん) : 재작년	大統領(だいとうりょう) : 대통령
来日(らいにち) : 일본으로 옴	王墓(おうぼ) : 왕 묘
発掘(はっくつ) : 발굴	申請先(しんせいさき) : 신청 창구
担当官(たんとうかん) : 담당관	紹介(しょうかい) : 소개
推薦状(すいせんじょう) : 추천장	当局(とうきょく) : 당국
秘宝(ひほう) : 신비의 보물	博物館(はくぶつかん) : 박물관
保管(ほかん) : 보관	交渉役(こうしょうやく) : 교섭역
開国(かいこく) : 개국	以来(いらい) : 이후, 이래
急速(きゅうそく) : 급속	吸収(きゅうしゅう) : 흡수
訪(おとず)れる : 방문하다	海外(かいがい) : 해외
事情(じじょう) : 사정	役割(やくわり) : 역할
展示(てんじ) : 전시	各国(かっこく) : 각국
貴重(きちょう) : 귀중	宝物(たからもの) : 보물
一般(いっぱん) : 일반, 보통	門外不出(もんがいふしゅつ) : 두문불출
離(はな)れる : 떠나다	屋上(おくじょう) : 옥상
総出(そうで) : 총출동	共通(きょうつう) : 공통
象(ぞう) : 코끼리	飼(か)う : 기르다
動物園(どうぶつえん) : 동물원	庭園(ていえん) : 정원
人工(じんこう) : 인공	滝(たき) : 폭포, 여울
屋外(おくがい) : 옥외	野外(やがい) : 야외
劇場(げきじょう) : 극장	組(くみ) : 조, 그룹
商売(しょうばい) : 상업, 장사	神様(かみさま) : 신
お社(やしろ) : 신사(神社)	店員(てんいん) : 점원
背中合(せなかあ)わせ : 표리관계	鮮烈(せんれつ)だ : 선명하고 강렬하다
対照(たいしょう) : 대조	調和(ちょうわ) : 조화
共存(きょうぞん, きょうそん) : 공존	場所(ばしょ) : 장소
姿(すがた) : 모습, 모양	

주해

1) パレンケ(Palenque) :

현재 멕시코 치아파스(Chiapas)주에 있는 300～900년경 고대 마야인의 도시유적. 원래의 지명이 아닌 '산토 도밍고 드 팔렝케'(Santo domingo de palenque)의 이름을 따서 불렀다. 1952년 비문(碑文)의 신전 밑 한 지하실에서 발견되었는데 그 속에는 8세기 초 승려 통치자의 것으로 여겨지는 비취로 장식된 유골이 있었다.

cf) 碑文(ひぶん)の神殿(しんでん) :

1952年, メキシコの考古学者アルベルト・ルスは神殿の床(とこ)の敷石(しきいし)をめくったところ, 地下に通(つう)じる階段が現れた。 意図的(いとてき)に埋(う)めたと思われる瓦礫(がれき)を3年がかりで掘(ほ)り出(だ)したルスは, 殉死者(じゅんししゃ)と思われる数体(すうたい)の遺体(いたい)が横(よこ)たわる部屋の先に, 畳(たたみ)10畳(じょう)敷(し)きもあろうと思われる巨大(きょだい)な憤室(ふんしつ)にたどり着いた。そこには,横(よこ)2メートル縦(たて)4メートルほどの石棺(せっかん)があり, 中には翡翠(ヒスイ)の仮面(かめん)をつけた王(おう)と思われる人物の遺体とともに, 数々(かずかず)の副葬品(ふくそうひん)が埋葬(まいそう)されていた。発見された遺体はパレンケ王朝(おうちょう)第11代のパカル王とされているが, パカル王は, 687年に80歳でなくなったとされており、遺体の推定死亡年齢(すいていしぼうねんれい)が40歳前後(ぜんご)であることと矛盾(むじゅん)している。また, 碑銘(ひめい)には, 石棺に埋葬された人物は「ハラチ・ウィニク(真実の人)」 としか記されておらず, パカル王の名は一切(いっせつ)示(しめ)されていない。また, 不思議(ふしぎ)なことに, 王であることを示す冠(かんむり)や正装(せいそう)したときに身につける装飾品(そうしょくひん)の類はまったく発見されていない。〔yp〕

(1952년 멕시코의 고고학자 알베르 루스가 신전 자갈바닥을 파헤쳐 보니, 지하로 통하는 계단이 나타났다. 의도적으로 메운 듯 보이는 자갈을 3년에 걸쳐서 파 낸 루스는, 왕과 함께 묻힌 사람들로 보이는 몇 구의 사체가 놓여있는 방 끝에서, 다다미 10장 정도의 거대한 분실에 다다랐다. 그곳에는 폭2미터, 길이 4미터 정도의 석관이 있고, 중앙에는 비취가면을 쓴 왕으로 보이는 사람의 사체와 더불어, 수많은 부장품이 묻혀 있었다. 발견된 사체는 팔렝케 왕조의 제 11대 파칼 왕으로 생각되는데, 파칼 왕은 687년에 80세로 세상을 떠났다고 되어있어서, 사체의 추정 사망연령이 40세 전후인 것과는 모순된다. 또, 비명에는 석관에 매장된 사람이 '하라치 피니크' 라고 밖에 기록되어 있지 않고 파칼 왕의 이름은 전혀 나타나 있지 않다. 역시, 이상한 점은 왕인 것을 나타내는 관이나 정장했을 때 몸에 걸쳤던 장식품 종류는 전혀 발견되지 않았다.)

2) マヤ(Maya) :

마야문화. 기원전 6～13세기에 중앙아메리카에서 발달한 마야 국의 원시문화. 상형문자를 사용하고 천문·미술 등이 발달하였으나 멕시코 인디언에 의해 파괴되었다.

3) ヒスイの仮面(かめん) :

古代では最高の宝石(ほうせき)とされていたヒスイで出来た仮面は, 埋葬者(まいそうしゃ)の遺体の上に置かれていたと考えられているが, 発見当時はバラバラになっていた。その後夏元(ふくげん)されて, メキシコシティーの人類学博物館のマヤ室に飾(かざ)られていた時価(じか)数百億と言われている「ヒスイの仮面」は, 1985年12月24日のクリスマス・イブの夜、エントツならぬ通気孔(つうきこう)から進入した「黒いサンタクロース」のドロポーによって,「アステカ黒曜石(こくようせき)の壷(つぼ)」(34億円)や「オアハカのマスク」等とともに盗まれ,メキシコ中が大騒ぎ(おおさわぎ)になった。しかし，4年半ほどして，犯人は呆気(あっけ)なく捕(つか)まった。警察官が何気(なにげ)なく尋問(じんもん)した挙動不審者(きょどうふしんしゃ)の自宅ガレージから，盗まれた秘宝(ひほう)が発見されたのである。いくつかの宝石類は海外で売られたらしいが，さすがに有名な秘宝は持ち出すことが出来なかったとみえ，無事(ぶじ)であった。〔yp〕
(고대에 최고의 보석이라고 여겨졌던 비취로 만들어진 가면은, '매장된 자의 사체위에 놓여져 있다' 고 생각했지만, 발견 당시에는 여기저기 분산되어 있었다. 그 후 복원되어, 멕시코시티의 인류박물관 마야 실에 전시된, 당시 시가 수백억이라고 하는 '비취가면'은 1985년 12월 24일 크리스마스 이브날 밤, 연통이 없는 통풍구로 들어 온 '검은 산타크로스' 도둑에 의해, '아스테카(Azteca) 검은 돌 항아리'(34억 엔)와 '오아(Oaxaca)의 가면' 등과 함께 도둑을 맞아 멕시코 일대가 난리법석을 쳤다. 그러나 4년 반 정도 지나서 범인은 어이없이 잡혔다. 경찰관이 무심코 심문을 한 거동 수상자의 집 창고에서 도둑맞은 비보들을 발견한 것이다. 몇 점의 보석류는 해외로 팔린 것 같았지만, 역시 유명한 비보는 반출될 수 없었으며 무사했다.)

4) ～先(さき) : (接尾) 이동 「おくる」「とどける」등에 붙어 「～도착장소 = ～して, つく 場所」의 의미.

⇨ 品物の送り<u>先</u>を，この紙に書いてください。
(물건 보낼 곳을 이 종이에 써 주세요.)

⇨ 連絡(れんらく)<u>先</u>。(연락처) 出張(しゅっちょう)<u>先</u>。(출장지)
宛(あて)<u>先</u>。(보내는 곳, 수신인 주소)
帰国(きこく)<u>先</u>。(귀국 장소) 届(とど)け<u>先</u>。(물품을 보내야 할 곳)

5) おいそれと(は)～(でき)ない : (부정 동반) 바로, 그렇게 간단히, 쉽사리(는)～않다.

⇨ そんな大金(たいきん)を<u>おいそれと</u>貸せ<u>ない</u>よ。

(그렇게 많은 돈을 선뜻 빌려줄 수 없다.)

⇨ 時間が来てもおいそれと腰をあげない。

(시간이 되어도 바로 일어나지 않는다.)

⇨ いくら頼んでも金はおいそれと出せない。

(아무리 부탁해도 돈은 그렇게 쉽사리 내지 못해.)

⇨ クルマはおいそれと買えるものではない。

(자동차는 쉽게 살 수 있는 것이 아니다)

⇨ その値段は何と1,180ユーロ, 約13万円。 洒落(しゃれ)や遊びでおいそれと買える値段ではない。〔yp〕

(그 가격은 1,180유로, 약13만 엔. 멋이나 놀이로 간단히 살 수 있는 가격이 아니다.)

6) ～役(やく) : (접미) ～역, 임무, 역할, 지위를 나타내는 말.

⇨ 相談役(そうだんやく) : 상담역　取締役(とりしまりやく) : 중역, 이사

交渉役(こうしょうやく) : 교섭역　案内役(あんないやく) : 안내역

7) 果(は)たす : 달성하다, 이행하다, 해내다, 다하다.

⇨ 彼は世界の最高の音楽家(おんがくか)になりたいという目的を果たした。

(그는 세계 최고의 음악가가 되고 싶다는 목적을 달성했다.)

⇨ 彼女はむずかしい演劇(えんげき)の主役(しゅやく)を成功的(せいこうてき)に果たした。

(그녀는 어려운 연극의 주역을 성공적으로 해냈다.)

8) 門外不出(もんがいふしゅつ) : 두문불출.

⇨ 門外不出の名刀(めいとう)。

(밖으로 드러난 적이 없는 명검.)

⇨ 五百年の間門外不出だった新羅(しらぎ)の金冠(きんかん)は, 初めて博物館(はくぶつかん)に公開(こうかい)された.。

(오백년간 드러난 적이 없던 신라의 금관은 비로소 박물관에 공개되었다.)

9) ついに : 마침내, 드디어, 끝끝내～않다. (부정 동반)

⇨ はむずかしい立場を克服(こくふく)してついに成功(せいこう)した。

(그는 어려운 처지를 극복하고 마침내 성공했다.)

⇨ 母親がねんごろにお願いしたが, 女はついに口をきかなかった。

(어머니가 간곡히 부탁했지만, 그녀는 끝끝내 말을 듣지 않았다.)

10) 総出(そうで) : 총출동.

⇨ 村民(そんみん)総出の大歓迎(だいかんげい)。

(마을 사람 총출동의 대환영.)

⇨ 一家(いっか)総出。

(온 가족 총출동.)

⇨ 住民総出の花粉対策(かふんたいさく)。

(주민 총출동한 꽃가루 대책.)

⇨ 市民総出できれいなまちづくり。

(시민 총출동하여 아름다운 마을 만들기)

⇨ 町総出で夏旧作業(ふっきゅうさぎょう) -- 建物被害(たてものひがい)は68棟(とう)。

(동네사람 모두 나와 복구 작업 -- 건물피해는 68동.)

⇨ 北京の街(まち)のあちらこちらに「雪人」(雪だるま)が現(あらわ)れた。北京市では市民総出で雪かきも行われた。

(북경의 번화가 여기저기에 눈사람이 나타났다. 북경시에서는 시민이 모두 나와 제설작업도 행해졌다.)

11) 呼(よ)び寄(よ)せる : 가까이 불러들이다, 불러 모으다.

⇨ 父は病床(びょうしょう)に息子たちを呼び寄せた。

(아버지는 병상에 아들들을 불러들였다.)

⇨ 先生は学生たちを呼び寄せて注意をあたえた。

(선생님은 학생들을 불러 모아 주의를 주었다.)

⇨ 私は両親を東京へ呼び寄せようと思っている。

(나는 부모님을 도쿄로 모셔오려고 생각하고 있다.)

12) ～って :～(이)라는 것은, ～(이)란. (「というのは」의 압축된 표현)

⇨ あいつが正直者(しょうじきもの)だって, だれが信用するもんか。

(저 자식이 정직한 사람이라니 누가 곧이 들을라구.)

⇨ かわいそうなのは惚(ほ)れたってことよ。

(가엾은 것은 반했다는 사실이지.)

⇨ 人間って本当に分からないもんだなあ。

(인간이란 정말로 알 수 없는 것이로군.)

13) 「V의 用 + かねる」: ～할 수 없다, ～하기 어렵다.

⇨ 先方(せんぽう)のおはなしどおりにはいたしかねます。

(상대편의 말대로 따르기는 어렵습니다.)

⇨ 彼ならしかねないことだ。

(그라면 못할 것도 아니다.)

⇨ 今度の旅行に行こうか行くまいかと決めかねている。

(이번 여행에 갈지 말지 결정하기가 어렵다.)

⇨ あなたがどんなにおっしゃっても, それはわたしには納得(なっとく)しかねる話です。

(당신이 아무리 말씀하셔도, 그것은 저로서는 납득하기 어려운 말입니다.)

14) 書(か)き入(い)れどき : (이익이나 벌이가 가장 많을 때) 대목 때.

(= 一番忙しい時, もうかる時, the best season, prime time)

⇨ 年末(ねんまつ)はどこの店も書き入れどきだ。

(연말은 어느 가게나 한창 대목이다.)

⇨ 氷屋(こおりや)の書き入れどきは夏だ。

(얼음 가게의 대목은 여름철이다.)

15) 連(つ)れ : (N) 함께 어딘가에 가는 동료, 친구, (接尾) 동행, 동반자 (주로 손아랫 사람이나 동물에 사용함.)

⇨ いい連れができました。 ひとりではつまらないと思っていたところです。

(좋은 친구가 생겼습니다. 혼자서는 재미없다고 생각하던 참이예요.)

⇨ 夏休みで, 汽車に子ども連れの客が多い。

(여름방학이라서 기차에 아이를 동반한 손님이 많다.)

⇨ 犬連れで楽(たの)しめるリゾート地(ち)。

(개를 동반하며 즐기는 휴양지.)

cf) 連(つ)れる : 함께 가다, 따르게 하여 가다, 데리고 가다.

⇨ こどもを連れて買い物に行きます。

(아이를 데리고 쇼핑하러 갑니다.)

⇨ 学校までむすめをむかえに行って, 連れて帰ります。

(학교까지 딸을 마중하러 가서 데리고 옵니다.)

16) 迷(まよ)う : (길이나 방향을) 헤매다, 망설이다, 홀리다, 유혹되다.

⇨ 初めての道を, 迷わずによく来ることができましたね。

(초행길을 헤매지 않고 잘 올 수 있었군요.)

⇨ 国へ帰ろうか, もっと日本にいようか迷っています。

(고국에 돌아갈지, 좀 더 일본에 있을지 망설이고 있습니다.)

⇨ 金に迷って悪い事をしてしまった。

(돈에 유혹되어 나쁜 짓을 해 버렸다.)

17) 組(くみ) : 집단, 클래스, 조, (전부 갖추어져 있는 것) 세트

⇨ その組は外国人ばかりですが, みんな日本語が上手です。

(그 클래스는 외국인뿐인데 모두 일본어를 잘 합니다.)

⇨ 一号車(いちごうしゃ)に乗る組はここへ並(なら)んでください。二号車の組はここです。

(1호 차에 타는 조는 여기에 줄 서 주세요. 2호 차의 조는 여기입니다.)

⇨ お祝(いわ)いには, カフスボタンとネクタイピンを組にして差(さ)しあげました。

(축하선물로는 커프스단추와 넥타이핀을 세트로 해서 드렸습니다.)

18) 大黒天(だいこくてん) :

불교의 수호신으로 칠복신(七福神)의 하나. 두건을 쓰고 오른쪽에 요술 방망이와 왼쪽에 큰 자루를 둘러메고 쌀 섬 위에 올라선 모습을 하고 있다. 불(仏), 법(法), 승(僧)의 3법을 지키고 음식을 풍부히 하는 신으로, 복을 주는 복덕(福德)의 신이다.

cf) 七福神(しちふくじん) : 행복을 부른다는 7인의 신.

① 恵比須(えびす) : 해상, 어업, 상업 등의 수호신. 오른손에 낚싯대, 왼손에 도미를 들고 있다. 세 살까지 서지 못하는 불구라고 하여 비뚤어진 모습이나 비정상적인 모습을 가리킬 때 이 말 이 인용된다.

② 大墨天(だいこくてん) : 복덕(福德)의 신.

③ 毘沙門天(びしゃもんてん) : 〔仏〕 비사문천. 사천왕(四天王)의 하나로 다문천(多聞天)이라고도 한다. 황색의 몸을 하고 분노(忿怒)의 상(相)을 가진 무신형(武神形)으로 투구를 쓰고 한 손에는 보탑(宝塔)을, 한 손에는 창을 들고 있다. 북방세계를 지키는 신.

④ 弁財天(べんざいてん) : 〔仏〕 변재천. 음악, 말재주, 복과 지혜,

수명의 연장, 재앙의 방지, 승리의 획득에 관한 신. 원래 하천(河川)을 신격화(神格化)시킨 것으로 인도에서 가장 존경 받는 여신이다.

⑤ 布袋(ほてい) : 당대(唐代)의 선승(禅僧). 복스럽고 비대한 체구에 배가 불룩하며 항상 자루를 메고 있다.

⑥ 福禄寿(ふくろくじゅ) : 키가 작고 머리통이 길며 수염이 많다. 경권(経巻, 経文을 적은 두루 마리)을 매단 지팡이를 지니고 많은 학을 거느리고 있다. 복(福), 녹(禄), 수명(寿命)의 삼덕(三徳)을 나타낸다고 한다. 중국에서는 남극성의 화신(化身)이라 일컬었다.

⑦ 寿老人(じゅろうじん) : 머리가 길고 지팡이와 부채를 들고 있으며 사슴을 데리고 다니는 있는 작달막한 노인. 장수(長寿)를 준다는 신. 〔広〕

19) 祭(まつ)る : 제사 지내다, 신으로 받들어 모시다.

⇨ 彼はいつも子どもといっしょに祖先(そせん)の霊(れい)を<u>祭る</u>。

(그는 늘 아이와 함께 조상의 혼령에 제사 지낸다.)

⇨ 日本人は戦死者(せんししゃ)を神に<u>祭る</u>。

(일본인은 전사자를 신으로 받들어 모신다.)

20) お社(やしろ) : 신이 왕림하는 곳. 옛날에는 땅을 깨끗이 하고 단을 만들어 신을 모시는 일정한 장소를 말했는데 지금은 신을 모시는 건물. 즉 신사(神社, じんじゃ)를 말한다. 〔大辞典〕

21) くっつく : 달라붙다, 떨어지지 않고 따르다, 닿다.

⇨ 岩には貝(かい)がたくさん<u>くっつい</u>ていた。

(바위에는 조개가 많이 달라붙어 있었다.)

⇨ 子牛(こうし)が親牛(おやうし)の後ろに<u>くっついて</u>離(はな)れない。

(송아지가 어미 소의 뒤에 붙어서 떨어지지 않는다.)

⇨ 鼻の先(さき)が地面(じめん)にくっつきかけている。

(코끝이 땅에 닿을 듯하다.)

22) すみずみ : 구석구석까지, 전부.

⇨ へやをすみずみまで探(さが)したが, なくなった指輪(ゆびわ)は見つからなかった。

(방안을 구석구석까지 찾았지만 없어진 반지는 눈에 띄지 않았다.)

⇨ シュバイツァ-博士(はかせ)の名前(なまえ)は, 世界のすみずみまで知れわたっている。

(슈바이처 박사의 이름은 세계의 구석구석까지 알려져 있다.)

23) 染(し)み渡(わた)る : 스며들어 번지다, 퍼지다.

⇨ 心に染み渡るわびしさ。

(마음속에 스며드는 외로움.)

⇨ 心に染み渡る景色(けしき)を楽(たの)しみに来てください。

(마음속에 스며드는 경치를 즐기러 오십시오.)

⇨ やっぱり運動のあとのうなぎは格別(かくべつ)ですね。 五臓六腑(ごぞうろっぷ)に染み渡る美味しさでした。

(역시 운동 후의 장어 맛은 특별나요. 오장육부에 스며드는 그 맛이었어요.)

⇨ いわば, 苦いが良質(りょうしつ)な漢方薬(かんぽうやく)が体に染み渡るように, 人の生きる自然な孤独(こどく)の姿(すがた)が心の底に染み渡る。

(소위 말하면, 맛은 쓰지만 양질의 한방약이 몸에 퍼지듯이, 사람이 살아가는 자연스러운 고독함이 마음 밑바닥에 퍼진다.)

cf) 染(し)みる : 스며들다, 배다, 번지다.

⇨ ようふくにあせが染みる。

(양복에 땀이 밴다.)

⇨ けむりが目に<u>染み</u>て, なみだが出る。

(연기가 눈에 스며들어 눈물이 난다.)

연습문제

＊上の本文の内容をよく読んで次の問いに日本語で簡単に答えなさい。

(問1) 日本のデパートとは,　　どんなところだと思っているか具体的に詳しく述べなさい。また, 日本のデパートはひとことでいうとどのような場所だと言えるのか答えなさい。

(問2) 創業者, 三井高利の販売のモットーは「現金かけ値なし」(正札販売)であるが, それ以前の販売方式はどういうものだったのか。 また, それはイギリスやフランスに比べると時期的にどのぐらい早かったか述べなさい。

(問3) 三越デパートへは, どう行ったらいいのか, その交通便を言いなさい。

(問4) 日本のデパートの特色の一つは何か。 それから, 三越の場合, 食料品は何階にあって, どんな物を売っているか述べなさい。

(問5) 売場担当の六十人の主任が部下へ訓示をした。その内容は何か述べなさい。

(問6) 三越の午前十時の風景はどうだったか述べなさい。

(問7) アメリカの商店と三越との違いは何か。一階のウィンドーについて言いなさい。

부록

〔본문의 번역〕

제1장 21세기의 젊은이에게 전하는 7개의 말

<**본문** 1-1>

머지않아 다가올 21세기의 젊은이에게 한마디 충고를 줄 수 있다고 한다면, 막상 뭐라고 말할까? 더욱이 단 한마디만 선택하라고 한다면. 최근 몇 년이래, 나는 많은 친구들에게 같은 질문을 해 왔지만 모든 사람의 대답이 매우 유사한 데에 놀랐다. 특히 자주 들은 것이 다음 세 가지의 말이다.

먼저, 제일 많았던 것은 「살아라」이다. 따라서 이 말을 제1호의 금언으로 선택해도 좋을 것이다. 슈바이처의 「생명을 존중하는 마음」을 생각하고, 생명현상의 무한한 복잡함과 그 불가사의함을 생각하면, 이 말이 가지는 깊은 의미를 이해할 수 있을 것이라 생각한다. 손튼 와일더 의 희곡 「우리 마을」 중에, 젊었을 때 이 세상을 떠난 한 명의 여성이 그때까지의 생애의 하루를 오직 한 번 더 살아가는 기회를 준다고 하는 이야기가 나오고 있다. 그녀는 12세의 생일을 선택한다. 드디어 그 날이 시작되고 그녀는 잠시라도 헛되게 하지 않으려고 기를 쓴다. 「무엇이든 충분히 봐두는 것 따위 도저히 안돼」라고 그녀는 말한다. 자신의 가족이 조금도 진지하게 살아가지 않은 것을 보고, 그녀는 슬프게 생각하는 것이다. 그녀는 필사적으로 어머니에게 호소한다. 「좀 더 서로를 눈여겨보기로 해요!」 하지만 마침내 그녀는 이렇게 말하고 있다. 「오오, 지구여, 당신이 너무나 훌륭하기 때문에, 모든 사람들은 당신의 가치를 모르고 있어. 인간이란 살아있는 동안 살아있다고 하는 것이 어떤 것인지 전혀 모르고 있는 거야.」(참고: 오오, 지구여, 너무나 멋진 곳인 줄 알았더라면… 항상 너무 늦게 깨닫는 것이 우리들의 속성인지라 지금 바로 내 곁에 있는 사람들과 눈을 마주치고 진정으로 얘기를 나눌 틈도 없이 하루하루를 버겁게 살아간다.)

확실히 대부분의 인간이 생명을 낭비하고 있다. 그러므로 금언 제1호는 이렇게 말하고 있는 것이다.「생명을 유지하고 살아가야 되는 것입니다. 단단히 눈을 뜨고 경험하고 성장하는 것입니다」라고.

그런데, 2번째로 답이 많았던 금언 제2호는「사랑하라」이다. 사람은 이 말에 여러 가지 의미를 부여하고 있는 것이므로 제2의 금언은 모든 종류의 사랑을 가리키는 것이 된다. 우애, 성애, 종교적 사랑, 그리고 인간애이다. 이 경우 무엇보다도 중요한 것은 사랑을 주고 사랑을 받는 능력 다시 말하면, 어른다운 지각을 가지고 자기중심의 껍질에서부터 벗어나는 능력을 기르는 것이다.

그것은 동시에, 자신 앞에 가로막고 있던 자기중심적 사고나 가치관을 초월하는 것이다. 이것은 18세의 인간에게도 80세의 인간에게도 체험할 수 있는 것이다.

제3의 금언은「배워라」이다. 우리들은 배우는 것은「의무」라고 생각하도록 길러져 왔으며 학문은 매우 따분한 의무라고 생각하게끔 학교 측에서도 한몫을 하고 있다. 이 어리석은 생각을 쫓아 버리는 데는 걸음마를 시작하려고 하고 있는 갓난아기를 보는 것이 좋다. 갓난아기는 걸으려하면 넘어지고 또 다시 걸으려한다. 조금씩 향상됐다고 생각하면 쓰러지고 코를 부딪쳐 운다. 하지만 다음 순간에는 웃는 소리를 내고 아장아장 걷기 시작한다. 갓난아기는 절대로 의무를 수행하고 있는 것은 아니다. 다만 인간에게 예정된 대로 행동하고 있을 뿐이다. 이것이야말로「배우는 것」의 참된 의미이다.

<**본문** 1-2>

이 세 번째 금언을 고른 사람은 많은데 이 사람들은 이런 식으로도 말한다.

「자신을 알고 자기와 화합하는 방법을 익히는 것입니다. 자신이 타인에게 주는 영향을 앎과 동시에 새로운 경험을 향해 자신의 마음을 여는 것입니다. 하여튼 배우십시오. 그것은 즐거운 일입니다. 가령 상처 입은 일이 있다 하더라도, 그것에 의해 자신을 바꿀 수 있으며,「활력」을 계속 가지고 갈 수 있기 때문입니다.」라고.

미국의 최고재판소의 판사였던 올리버 홈즈가 92세 때의 일이다. 친구가 서재에서 책을 읽고 있는 그를 보고 물었다.「무엇을 하고 계십니까?」홈즈 판사는 생긋 웃으며 이렇게 대답했다.「머리를 단련하고 있습니다」라고.

살아라. 사랑하라. 배워라. — 독자 여러분도 조사해 보시면 알겠지만 이들 세 가지 말에 찬성하는 사람은 꽤 많을 것이다. 그렇지만, 여기에 다시 한마디 다른 말을 찾게 된다면 사실은 재미있는 결과가 나온다. 거의 대부분 사람들의 선택이 금언 제3호까지는 대강 일치하지만 4번째 말을 선택하는 단계가 되면, 의견이 완전히 나누어져 버리는 것이다. 나의 젊은 친구이며 매우 신앙심이 깊은 사람은「믿음」이라고 말한다. 과학자가「탐구하는 것」이라고 말하면 고명한 의사는「생산하는 것」이라고 말한다. 전혀 의견의 일치를 보지 못하게 된다.

지금부터 2, 3년 전의 일인데 나는 미국철학학회라는 저명한 학자들의 저녁식사 모임에서 연설을 하게 되었다. 나는 그곳에서 회원과 그 부인들에게 같은 질문을 해보기로 했던 것이다. 금언 제4호를 찾는 데에 이 정도의 적합한 사람은 없을 것으로 생각했기 때문이다.

이 사람들에게 가장 인기 있었던 말은「생각하다」이었다. 물론 몇 명의 사람들은「이해해라」나「알라」는 다른 표현을 좋아했다. 다음으로 선택된 것은「주어라」이었다. 그 말에 관련되는 것으로는「도와라」「봉사해라」「서로 나누어 가져라」등이 등장했다. 이어서「웃어라」가 선택되고「미소 지어라」「

놀아라」「즐겨라」라는 같은 유의 말도 나왔다.

그렇다면, 제4의 금언으로 무엇이 선택될까? 그것은 많은 분들로부터 받는 질문이지만 나라면「시도해라」라는 단어를 선택하고 싶다. 이것은 극히 평범한 말로「보다 좋은 것을 구하며 노력한다」는 의미로는「큰 꿈을 가져라」라는 편이 맞을지도 모른다.

그렇지만, 지금 자신이 구하며 노력하고 있는 것이, 장래 반드시 현실에 보다 좋은 것이 될지는 헤아리기 어렵다. 그러므로 나는 역시「시도하라」를 들고 싶다고 생각한다.

살아라. 사랑하라. 배워라. 생각하라. 주어라. 웃어라. 시도하라. —그래요, 독자 여러분들은, 불과 이와 같은 일곱 개의 말이지만 이 이상 인생의 가르침을 줄 수 있는 것이 어디 또 있을는지요?

제2장 스트레스를 극복하는 법

<본문 2-1>

문 벡크 박사, 스트레스란 도대체 어떤 것인가요?

답 정신의학의 실제 면으로는, 스트레스는 크게 두 가지 형으로 나누어집니다.

하나는 「손실」에 따른 스트레스로 예를 들면 애인이나 직업을 잃었다든지 바램이 지나쳐 실패하여 자존심이 꺾였다든지 하는 때에 일어나는 것입니다. 또 하나는 「두려움」에 따른 스트레스로 개인의 지위, 목표, 건강, 안전 등에 대한 걱정에서 일어납니다. 이러한 스트레스의 징후로서는 우울한 상태 혹은 불안 또는 그 양자가 동시에 나타납니다.

문 사람의 일생동안에 특히 스트레스를 받기 쉬운 시기가 있습니까?

답 어느 시기에도 각각 고유한 스트레스가 있습니다. 아이 때에는 자신의 가족이나 학교에서 요구되는 것에 대처하지 않으면 안 됩니다. 선생님의 인격이나 친구들에 자기 자신을 적응시켜 나간다는 것도, 큰 스트레스의 원인이 될 수 있습니다. 그것은 후의 청년기의 젊은 남녀 관계에서 일어나는 문제와 같은 것입니다. 그리고 대학에 들어가면 학문상의 스트레스나 어떠한 직업을 선택해야 하는가 라는 고민이 생깁니다. 대학을 졸업하면 대부분의 사람이 겪는 것이 결혼에 따른 여러 가지 문제입니다. 이것도 중대한 경우에는 매우 빨리 이혼에 이를 정도까지 가는 일도 있습니다. 아이를 낳는다는 일도 여성에게는 무겁게 짓누르게 됩니다. 남자는 남자대로 직업에 대하여 잠시 쉰다고 하면 문제가 생기게 됩니다.

문 각각의 단계에서 스트레스의 표현방식은 어떻게 다릅니까?

답 스트레스의 외적요소가 어떻든 실제 표현형태는 다르지 않은 것 같습니다. 인간은 아마 문제에 대한 반응에도 개성이 있듯이 망상, 불안, 음주, 그 외 여러 가지 반응을 보여줍니다.

문 궤양도 그 반응의 하나입니까?

답 그렇습니다. 궤양은 어느 단계에서도 나타날 수 있는 징후입니다.

아이에게까지 볼 수 있습니다. 하지만 궤양이 되는 스트레스의 전형적인 예는 중간층의 관리직인 사람에게 많이 볼 수 있습니다. 중간관리직의 입장에 있는 사람은 외부로부터 일의 압력을 받는 것만이 아닙니다. 그것보다 더욱 큰 것은, 자신의 내부에 발생되는 출세하지 않으면 안 된다는 압박감인 것입니다. 멋지게 일을 해내려고 스스로 자신을 끊임없이 몰아세우는 것입니다. 그렇지만 어느 수준까지 잘 되면 당장 스스로 목표를 더욱 끌어올리는 식이어서 어디까지 가도 한이 없습니다.

문 일찍 결혼해서 어머니가 된 경우에는 어떤 스트레스가 있습니까?

답 젊은 어머니는, 「공제」의 균형이 깨지는 상태가 됩니다. 다시 말하면 학생시절은 매일 선생님과 접촉하거나 클럽활동을 하거나 하여 시름을 잊게 되며, 독신시절은 데이트 등을 하기도 하여 만족했는데 결혼을 하여 아이가 생기면 가사와 육아에 쫓겨 얻는 것보다도 주는 쪽이 많아지는 것입니다. 게다가 이 때가 되면 남편 쪽은 일로 바빠서 아내에게는 정말 조금의 받침

대 밖에 되 줄 수 없게 되는 것입니다.

<**본문** 2-2>

문 젊은 아내들은 남편을 붙잡아 매어 둘 수 있을지 고민하는 것이지요?

답 고민하고 있어요. 게다가 그 고민을 끊임없이 조장하는 것이 통계입니다. 통계에 의하면 결혼 후의 어느 시기에서도 이혼율은 자꾸 높아져가고 있으니까요.

문 부부는 상호간에 서로 참지 않으면 안 된다고 하는 것이 당연한 것으로 여겨지고 있던 시대(옛날) 쪽이, 남녀모두 결혼생활의 스트레스에 잘 대처할 수 있었던 것이 아닐까요?

답 예전에는, 결혼생활은 저절로 이루어져 가는 것이라는 소박한 — 그리고 어쩌면 현실적인 — 신념이 있었던 것입니다. 지금은 그렇게는 안 됩니다. 문제가 났다고 하면 지금 사람들은 결혼 상담자를 찾아가는 것보다 먼저 변호사에게 상담하려고 합니다. 자신들의 내면에 있는 곤란함에 맞서는 힘이 있는지 없는지 실험해 보려고도 하지 않는 것입니다.

문 인내심을 가지려 하지도 않는 그 현상은, 우리들이 경험하고 있는 스트레스의 훨씬 넓은 범위에도 들어맞는 것인지요?

답 그렇습니다. 일반적으로 말해서 지금 젊은이들의 생활은 부모의 시대보다도 훨씬 편하게 되어있습니다. 어린아이 때도 청년시절도 부모는 곁에 있으면서 지켜줍니다. 옛날에도 그러한 일은 있었습니다만 정도의 차이가 있습니다. 그래서 젊은이들은 큰 욕구불만에 견디는 것을 배우지 않고 있는 것입니다. 불안의 시기를 괴로워하면서 극복해 나갈 수 있도록 자라지도 않고 있습니다. 긴 역경에 견딘 경험도 없는 것입니다. 즉 그것은 스트레스가 많아졌을 때 어떻게 대처하면 좋을지 모르고 있는 것입니다.

문 능숙하게 대처하기 위해서는 어떠한 점에 신경 쓰면 좋을까요?

답 방법은 여러 가지가 있습니다만 가능한 한 「여유 있는 마음을 갖는 것」이라는 극히 간단한 방법도 있습니다. 고독에 괴로워하는 젊은이가 있다고 합시다. 고독은 너무나 괴롭고 무서운 것이다 — 이런 괴로움을 경험하고 있는 것은 꼭 나 자신 혼자뿐이야, 아이고 어찌할 도리가 없다, 이러한 고독은 영원히 계속되는 것이다 등으로 생각하기도 합니다. 그런데 더 나이가 들어서 다시 한번 고독감에 엄습되는 일이 있는 경우에는 예전의 기억이 되살아나 고독감은 결국 없어지는 것을 기억하고 있기 때문에 대처하기 쉬워진다는 것입니다. 전에는 오해나 지나친 생각을 해서 문제를 악화시켰지만 이번에는 그렇게 되지 않도록 주의할 수 있게 되는 것입니다.

문 더욱이 중년의 사람의 경우에는 어떤지요? 예를 들면 중간관리직 사람으로 자신이 생각하고 있는 만큼 출세할 수 없는 사람은 욕구불만에 대처하는 방법을 배울 수가 있습니까?

답 그러한 사람들의 괴로움은, 인간의 평가라는 것은 얼마만큼을 달성시켰는가에 의해서 결정된다고 생각하고 있기 때문에 생겨나는 것이라고 생각합니다. 일에 대해서 더욱 건전한 태도를 취할 수 있다면 — 즉, 열심히 한다는 것은 좋은 것임에 틀림없지만 전혀 그것이 인생이나 자기평가의 절대기준이 아니라는 것을 경험에서 배울 수 있다면 — 목표를 향하여 노력하기 때문에 일어나는 스트레스는 적어지게 되는 것이겠지요.

<**본문** 2-3>

나 같으면 이와 같이 「마음에 여유가 없다」는 관리직의 사람에 대해서는 단지 자기 일에 너무 지나치게 하지 말라고 말해줍니다. 그러고 나서 여러 가지 리크리에이션을 권합니다. 그 사람의 사회적 지위와 수입에 맞게 볼링이나 테니스를 해도 좋을 것이고 정원을 가꾸는 것이나 휴가 여행을 떠나는 것도 좋겠지요. 이러한 것에 마음을 쏟으면 생활의 균형이 회복되고 미래의 전망도 밝아질 것입니다. 스트레스에 고민하고 있을 경우 곤란한 것은, 그 사람이 자기가 처해 있는 상태를 객관적으로 볼 수 없다는 것입니다. 정신과의사나 카운슬러에게 말하는 것만으로도, 어느 정도 거리를 두고 자기를 볼 수 있게 되는데, 그렇게 대처하는 방법을 발견하는 것이 드물지 않은 일입니다.

문 특정의 외적요소에 의해 스트레스가 생기는 경우, 그것은 비교적 밝혀내기 쉽고 다루기 쉬운 것입니까?

답 반드시 그렇다고 한정할 수 없습니다. 외적요소라고는 해도 서서히 변화해서 무언가 돌발적인 일로 밝혀져 결국 알게 되는 것도 있는 것입니다. 한 가지 예를 들어보지요.

남편의 애정이 전보다 못하다고 생각해서 우울 상태에 빠져있던 여성이 있었습니다. 혹시나 '다른 여자가 있지는 않을까' 라고 하는 의심도 있었습니다. 하지만 남편은 부정하고 나도 그다지 그 여자의 힘이 되어 주지는 못했습니다. 그런데 어느 날 남편이 정말로 자기를 속이고 있었던 것을 그녀는 알았습니다. 일이 표면화되어 두 사람이 철저히 이야기한 후에서야 그녀도 문제에 맞설 수 있게 되었습니다. 나도 전보다 훨씬 효과적인 조언을 줄 수 있었고 그 여자는 몇 주 동안의 우울 상태를 극복할 수 있었던 것입니다.

문 어린이가 성인이 되고서 빠지게 되는 우울 상태와 불안에 대비하기 위하여, 부모는 무언가 해 줄 수 있는지요?

답 어린이에게 애정을 기울이는 것은 좋은 것임에 틀림이 없지만, 그것만으로는 충분하지 않습니다. 일상 어린이에게 필요한 애정을 최소한 채워주는 것만으로 똑바로 강하게 자라는 어린이도 많은 것입니다. 어린이에게 필요한 것은 어린 시절 여러 가지 문제를 부딪쳐 그것에 대처하는 방법을 배우는 기회인 것입니다. 그럴 때, 부모가 재빨리 도와주거나 한다면 문제에 대한 어린이의 인내심의 발달에 방해가 되며 문제해결의 능력을 몸에 익히는데 장해도 될지 모릅니다.

문 가족의 누군가가 스트레스로 고민하여 바로 옆에서는 아는데도 본인은 그것을 모르고 있다면 그 사람을 우선 정신과 의사에게 데리고 가는 것이 좋습니까?

답 그런 것은 하지 않는 것이 좋다고 생각합니다. 일반의사에게 건강진단을 받게 하는 것이 가장 현명한 방법이라고 생각합니다. 그렇게 하면 환자는 자기의 마음속 고민과 감정을 의사에게 말하는 기회를 얻을 수 있습니다. 의사는 일반적인 조언을 해 줄 수가 있고 환자 쪽은 스스로 잘 생각해 보기도 하고 혹은 친구나 연장자 등의 의견을 참고하기도 하는 등 그 의사의 조언에 부족한 부분을 채울 수도 있습니다. 정신과의사에게 기대지 않으면 안 되는 경우는 그러한 단계를 접하더라도 아무런 반응을 보이지 않는 훨씬 심한 상태의 증상일 경우에 한하는 것입니다.

제3장 왜 대학에 가지 않으면 안 되는가?

<본문 3-1>

2년 전 가을밤의 일, 17세가 되는 딸 매기가 문득 입 밖에 낸 질문 — 생각하면 그것이 그 다음해 우리 집을 몹시 뒤흔드는 일이 되었던 것이다. 그즈음 고등학교 급우들은 모두 대학진학의 일로 머리가 가득 차 있었음에도 불구하고 우리 딸은 이렇게 말한 것이다.「대학에 갈 필요 따위 있을까? 내년이 되면 대학에 진학을 해야 한다는 법률이라도 있나? 내년에 나는 다른 일을 해보고 싶어.」

남편도 나도 아이에게 여러 가지 일을 강요하지 않고 이성적인 부모이려고 노력해 왔다. 냉정하고 논리적인 태도로 새로운 생각에도 충분히 이해를 갖고 대처해 온 셈이었다. 그럼에도 불구하고 매기의 말은 충격적이었다. 가족 중에「재수생」이 나온다고 하는 것은 생각해 본 일도 없기 때문이다. 그러는 동안 조금 화가 나기 시작했다. 우리 부부는 열심히 일해서 딸이 충분히 대학에 갈 수 있을 만큼까지 키워주지 않았던가? 그런데도 지금에 와서 현재 딸이 자기의 특권을 원하지 않는다 는 둥 말을 해버린 것이다.

나중에 잘 생각해보니까 나는 아무래도 나의 사정이나 딸에 대한 기대로 머리에 가득 차 있지는 않았는가 하는, 내가 생각해도 한심한 기분이 들었다. 그렇지 않고, 대등한 입장의, 완전히 독립된 한사람의 성인으로서 딸의 정당한 주장을 듣고 있는 것으로 생각하지 않으면 안 되었던 것이다. 사실 매기는 17살로 이미 훌륭한 어른이고 우리가 억지로 대학에 가게 할 수는 없었기 때문이다. 그래서 자기스스로 재수생이 되려고 하는 희망대로 하기로 했다.

우리는 단념은 했지만 걱정하지 않을 수 없었다. 유치원에서 대학 졸업까지의 긴 여정에서 한번 벗어나 다시 원래의 길로 되돌아올 수 있을지 아니면, 처음으로 다시 돌아가고 싶다고 생각하는 것인지, 게다가 남아돌 정도의 시간을 도대체 어떻게 하려고 할지.

이러한 의문에 대한 대답은 일년이 지난 지금이 되어서 보면 나도 여러 가지로 회상할 수 있다. 그것을 나는, 매기가 얻은 일 년의 휴가동안 가까이에 있었을 뿐만 아니라 대표적인 21개 대학관계자와 만나서, 많은 보고서 등을 섭렵하기도 하고 다른 부모들과 만나서 이야기하고 배운 것이었다. 그 결과 내가 알 수 있었던 것을 다음에 기록해 보고자 한다.

수업에서 얻을 수 없는 것 고교 졸업 후 일년 쉰다고 하는 것은 특별히 매기가 새롭게 생각해 낸 것이 아니라 미국 전체에 점점 퍼져가고 있는 경향인 것이다. 지금 이 순간에도 대학의 1학년이어야 할 학생이 십만 명 가깝게 쉬고 있다. 신입생을 위한 오리엔테이션에 출석하는 대신에 여행을 하거나 아르바이트를 하거나 그밖에 실로 여러 가지 활동을 하고 있었던 것이다. 예를 들어 뉴멕시코 주에서 기록영화를 찍거나 슈퍼마켓에서 고기를 포장하기도 하고 프랑스인의 가정에 입주하여 아이를 돌보면서 본고장의 프랑스어를 배우거나 오스트레일리아의 양 목장에서 일하기도 하고 인디안 아이들을 위해서 또는 그 아이들과 협력하여 연극을 상연하거나 범선을 만들기도 했던 것이다.

<본문 3-2>

실제로 오늘날에는 대부분의 교육자들이 1년 쉰다고 하는 이러한 경향을 인정하고 있을 뿐 아니라 어떤 부류의 젊은이들에게는 필요한 것이라고 오히려 장려까지 하고 있다. 스탠포드 대학의 관계조정부장 프랭크 뉴맨 은 이렇게 말하고 있다.「교육기간은 점차 길어지고 있고 요즘에는 대학 졸업까지는 16년이나 17년 정도 그저 학교에 다니는 것으로 되어있습니다. 자신을 위해서도 그리고 사회를 위해서도 때로는 그 누에고치 속에서 밖으로 나와 보는 쪽이 좋지요. 서로 밀 칠락 달 칠락 하면서 진학하는 것을 그만두고 대학 외의 인생이란 어떤 것인가를 아는 것도 좋은 일이 아닐까요?」 대학입학 사무담당관 중에도, 1년의 휴가를 얻는 학생은 학교에서 얻을 수 없는 넓은 견해를 습득할 수 있다고 생각하는 사람이 많다.

그리고 학생 쪽에서도 그렇게 생각하는 사람이 많은 것이다. 안드리아 랍판은, 1년 반 쉰 후 버클리의 캘리포니아 대학에 진학하여, 우등의 성적을 유지한 여성인데 나에게 이렇게 말해 주었다.「학교는 매우 피곤한 곳입니다. 모든 것을 완벽하게 해내는 것은 말도 않되는 이야기고 그렇다고 다른 것을 할 시간 여유도 없는 것입니다.」 진학전의 휴가 중 그녀는 우선 이스라엘의 집단농장에서 일하였으며 그 후에는 어느 교사의 조교를 했다.

그 중에는 입학 전이 아니라 재학 중에 1년 쉬는 대학생도 있다. 특히 내 기억에 남는 것은 자신의 대학이 너무나 엘리트적이고 고립되어 있다고 생각하여 휴학해 버린 여학생이다. 그녀는 자신의 정치상의 의견을 실천에 옮겨 보고자 뉴욕 슬램가 연구・교육그룹에서 근무했다. 지금은 대학으로 돌아와 있는 그녀는 이렇게 말한다.「이런 특정운동에 봉사하면 자신의 능력이 얼마나 빈약한가를 뼈저리게 통감하게 됩니다.」 지금 그녀는 교사가 되려고 공부를 하고 있지만 아마 장래에는 성인교육에 종사할 것 같다.

찬반양론 건강면 또는 경제면에서 문제가 있는 학생의 편의를 대학 측이 도모해 준다는 것은 옛날부터 있었던 것이지만 단지「뭔가 다른 일을 하고 싶다」라는 이유만으로 그 학생의 학적을 1년 간 보류해 두는 경우는 비교적 최근의 일이다. 그렇지만, 미국에서는 학생으로부터 신청이 있으면 특별히 이유를 불문하고 입학연기를 인정해 주는 학교가 점점 증가하고 있다. 예를 들면, 캘리포니아 대학의 어떤 분교에서는 마치 교육과정(curriculum)의 일부인 것처럼 대학안내에 싣고 있을 정도다. 그것은 과외(課外) 활동을 위한 휴학제도로 불리며, 신입생뿐 아니라 성적이 좋은 2학년 이상의 학부 학생에게도 인정되고 있다. 그러한 학생은 언제라도 좋은 때에 복학하는 것을 보증 받고 있는 것이다. 실시한 최초의 해, 천명 이상의 학생이 이 제도를 이용하고 그 중 78%는 처음 계획대로 복학했다.

<본문 3-3>

입학시험을 통과한 학생이라면 특별히 건설적인 휴학계획을 제출하지 않아도, 1년간의 휴학을 인정하는 대학도 몇몇 있다. 그 기간동안 어쨌든 학문이외의 활동을 해서 시간을 보내기만 하면 학생은 성장하고 그 뒤의 대학생활이 그만큼 당연히 가치 있는 일이 될 것이라는 사고방식이다. 그러나 그 중에는 경고를 하는 교육자도 있다. 특히, 스탠포드 대학의 입학사무 담당부장인 후레드 하드건 등이 그러한데, 그는 이렇게 말하고 있다. 「이것은 교육에서 벗어난 시간이 아니라 무엇인가 어떠한 목표아래에 짜여진 시간이 아니면 안 됩니다. 학생이 1년간의 휴가동안의 계획을 착실히 세운다면, 이쪽도 학적을 남겨 둡니다만 그것도 그 중도에 지금 무엇을 하고 있는지 보고한다고 하는 조건부의 경우에 한해서 입니다. 만일 생각할 시간을 갖고 싶어서, 따위의 이유라면 나는 이런 질문을 하지 않을 수 없습니다. — 생각한다니, 무엇을?」

무언가 그것에 대신할 만한 방법은 없는가하고 찾고 있는 대학당국들도 있다. 뉴햄프셔 주 고교교육·자격인정위원회 상무이사 아사젠센 에 의하면, 여자대학에서는 코스대로의 교육을 중단하는 것은 17, 8세보다는 20세 이후쪽이 좋고, 그 경우 예컨대, 3학년의 1년간은 교환 유학생으로 해서 외국에서 지낸다는 식으로 하는 쪽이 보다 바람직한 변화(change of pace)가 된다고 하는 것이다.

그리고 마지막으로 이러한 생각에는 처음부터 찬성하지 않는 교육자들도 물론 있다. 특히 자연과학 분야의 교육자들에게서 그렇게 말하는 사람을 볼 수 있다. 인문과학과는 달라서 자연과학은 한 과정 한 과정 공부를 단계적으로 해 나가야하고, 1년을 쉬어버리면 애써 배운 기초를 잊어버릴 위험도 있을 수 있다는 것이다.

부모의 입장, 자녀의 생각 그러나, 교육자 측이 그런 휴식을 아무리 인정하기도하고 장려하기도 해도 그 휴식이 언제 퇴학으로 연결되지 않는다고도 할 수 없는 (연결되어 버릴지도 모르는) 그 학생과 함께 지내야 하는 것은 부모 쪽인 것이다. 내가 고생해서(애써) 배운 지침을 몇 갠가 다음에 써보자.

우선, 그 기간동안 부모는 부모로서 자기 자신의 생활을 지키는 노력을 할 것. 그러면, 자녀도 부모도 괴로워하거나 안달복달하지 않아도 될 것이다. 또 자녀가 휴식을 가지고 집에 있다고 해서 그것을 구실로 삼아 여러 가지 심부름을 시키거나 하지 말 것. 나도 모르게 그런 것을 했던 것으로 생각한다. 어쨌든 매기가 눈앞에서 아무 것도 하지 않고 있는 것이므로 지금 생각하면 가정부를 고용했어야 했고 적어도 매기에게도 돈을 주고 부탁했어야 했다. 그러나 나는 가정부를 고용하거나 하면 매기가 기분 상하지나 않을까 상당히 마음에 걸렸고, 매기도 매기 나름대로 (지금에서야 나는 이해할 수 있었지만) 나의 심부름을 하지 않으면 자신이 얼마나 쓸모없게 보이지 않을까 걱정하고 있었던 것이다. 그래서 매기도 나도 서로 간에 서먹서먹한 생각을 하고 있었다.

<**본문** 3-4>

사실을 말하자면, 매기는「아무 것도 하지 않고」있는 것은 아니었다. 자연식품의 빵 (밀기울을 제거하지 않은 완전 밀가루로 만든 것)을 궁리하여 굽고, 그것을 한 주에 스물네 개 꼴로 팔고 있었다. 한 주에 두 번, 가까운 공립학교에서 선생님의 조교도 했다. 주말에는 어느 폐기물 재생센터에서 일하고 상업사진가의 스튜디오에서 심부름도 했다. 그리고 무엇보다도 자기가 관심이 있는 것 -- 사진, 요가, 무거운 짐을 짊어지고 하는 캠프, 여행, 스키, 독서 -- 에 열심히 힘쓰고 있었다. 일은 임시적일 뿐 그것도 간혹 일이 있을 때에만 했다.

그러나 얼마 안 있어 대학에 진학해야 하는 것을 매기도 알게 되는 시기가 왔다. 우리들은 딸에게 강제로는 하고 싶지 않았기에 아무 말도 하지 않고 있었던 것이다. 하지만 그 때, 대학 안내서가 가까이에 놓여 있는 것이 눈에 띄어 우리는 안도의 한숨을 쉬었다. 그 날, 대학에 가기 위한 짐 꾸리기를 완전히 끝냈을 때의 딸의 얼굴은, 초등학교 5학년 이래 처음으로 보는 밝고 편안한 얼굴이었다. 고등학교에서 격심한 경쟁으로 짓눌러 있었을 때 이래 오랜만의 일이었다. 딸은 자기가 가는 길에 기다리고 있는 학문에 정열을 불태우고 있었다. 「다시 또 열심히 해야 돼. 머리가 굳어 버렸을지도 몰라」

그때까지의 일년간은 결코 좋은 일만 있었던 것은 아니었다. 부모님 쪽은, 아무 것도 힘이 되어 주지 않고 결과에만 끊임없이 신경이 쓰였다. 매기 쪽도, 친구들이 거의 다 대학에 가버려서 쓸쓸할 때도 많았던 것 같다. 게다가, 이제부터 장래 모든 것이 잘 되어 가리라 고만은 생각할 수 없다. 그렇지만, 전체적으로 봐서, 매기의 1년간의 휴가는 우리 모두에게 있어서 유익한 경험이었다고 할 수 있다.

그리고 만일, 같은 일이 또 한번 우리 집에서 일어나, 나는 나도 모르게 「그런 일이 또 있다니 내년에는 꼭 대학에 가지 않으면 안 돼」라고 생각해 보기라도 한다면, 나는 스탠포드 대학의 학생센터로 들어갈 때에 지나 다녔던 그 문을 떠올려 보기로 하겠다. 그것은 양쪽으로 열리는 유리문으로, 어느 쪽에서 밀어도 자유롭게 출입할 수 있도록 되어 있다. 우측의 유리창에는 「이 문으로 들어가세요!」라고 작은 글씨로 적혀져 있다. 그리고 그 밑에, 깨끗하고 작은 글씨로 누군가가 장난스러운 글씨를 써놓았다. —「그런데, 왜?」

제4장　원더풀！ 일본의 백화점

<본문 4-1>

일본에서는 백화점은 단순히 물건을 팔기만 하는 곳이 아니다. 패션의 전시 직판장도 아니다. 그러한 것을 초월한 존재이다. 그것은 도시생활자에 있어서는 필요 불가결한 것이며, 더욱이 민족 문화의 상징이기조차 하다. 예술화랑, 박물관, 식당, 다방, 극장, 오락 센터, 유원지, 진료소, 휴식장소, 오아시스 등이, 도심부의 거대한 콘크리트 건물 속에 속 들어가 있는 것이다. 일본의 백화점은 관광의 대상이고, 생활의 정보원이기도 하다. 서양을 보는 창이고, 동양을 비추는 거울이다. 다시 말하면 현대의 지표라고도 할 수 있는 장소이다.

정찰판매의 창시　그 중 하나로 미츠코시 백화점으로 눈을 돌려보자. 미츠코시 백화점의 도쿄 니혼바시 점은 매상고, 이익, 창업 이래의 역사, 어느 하나를 취하더라도 일본 제일의 백화점이다. 창업은 1673년이므로 세계 최고의 백화점이다. 창업자 미쯔이 다카도리 의 「현금 에누리 없음」(정찰판매)이라는 슬로건은, 장사에 흥정은 따라다니는 것이고, 계산은 우란분재와 연말연시 두 번으로 정해져 있던 당시로서는 획기적인 것이었다. 정찰판매의 사고방식이 보급되기 시작한 것은, 영국과 프랑스 등 비교적 진보된 상업민족에 있어서도 더욱이 일세기 후의 일이다. 그래서 오늘은, 이러한 세계 상업사의 생생한 기념비를 파란 눈의 탐방자로서 두루 살피려는 것이다. 「미츠코시 마에」라는 이름의 지하철역을 나오면 길은 그대로 미츠코시의 지하 일층의 점내로 통하는 구조로 되어있다. 미국의 백화점에서도 지하 일층은 대체로 바겐 상품 매장이지만, 미츠코시에서도 지하 일층의 플로어의 약 반 정도는 바겐 상품 매장이다. 미국의 커다란 백화점과 같이 여기에도 많은 손님이 몰려들고 있다. 하지만, 일본인은 결코 다른 사람을 밀어 제치거나 상품을 서로 빼앗거나 하지 않는다. 일천만 명을 넘는 도시의 혼잡 속에서 오랫동안 살아가면서, 도쿄의 고객들은 결코 야만적이지 않고, 오히려 오래된 일본문명의 예절과 자제심을 지그시 유지하고 있는 듯이 보인다. 지하 일층의 나머지 반은 식료품 매장이다. 일본 고유의 반찬, 중국요리, 인도요리, 서양요리, 놀랍게도 영국요리의 재료까지 있다. 식료품에 중점을 두는 것도 일본 백화점의 특색의 하나이다. 미츠코시 본점에서는 연간 매상고 2,923억 엔 (1972년) 중, 놀랍게도 15%가 식료품으로, 게다가 이 숫자에는 점내의 20개의 레스토랑, 스낵바, 다방의 매상은 포함되어 있지 않다. 미국이라면 기껏 해봐야 식료품은 2%라는 것이다.

<**본문** 4-2>

기본 좋은 위화감 미츠코시의 개점 시간은 월요일을 제외하고 매일 아침 10시이다. 어느 날 아침 나는 개점 15분전인 오전 9시 45분, 일층의 메인 플로어 에 초대되는 영광을 얻었다. 매장마다 60그룹으로 나누어진 점원이 통로에 정렬해 있다. 매장 담당인 60명의 주임으로부터 부하에게의 훈시 —「오늘도 모두 분발합시다. 손님에게는 확실한 말씨로 미소를 잃지 말고 맞이합시다. 기다리고 계시는 손님에게는 이제 곧 맞이하게 되니까 이러한 것을 확실한 말과 태도로서 나타냅시다.」

훈시에는 설교만이 아니라 좋은 공지사항도 많이 포함되어 있다.

「미츠코시의 포장지 꾸러미를 가진 지하철 승객에게 자리를 양보한 A씨에게 상장을 수여하겠습니다.」

약간의 잔소리도 있다.「외국어를 할 수 없다고 해서 외국인이 와도 보고도 못 본 척 하는 사람이 있는 것 같은데, 외국손님은 다른 분보다 더욱 여러분의 도움을 필요로 하고 있는 것입니다…」

고맙습니다, 주임 님. 그러나 제 경우에는 그러한 경험은 없었습니다.

행사와 모임의 발표도 있다.「일본에 와 있는 소련의 문화상(相) 후르츠에와 여사가 내일 오후 본점을 시찰하러 오십니다. 그리고 이쪽에 오신 분은 ……」 내가 미츠코시에 있어서 어떤 사람인지를 안 것은 이때의 일이다. 다시 말하면, 나는 이 「엄숙한 의식」이라고도 말할 수 있는 조례에 참가를 허락 받은 최초의 외국인이라는 것이다.

오전 10시, 에스컬레이터에 스위치가 들어온다. 파이프 오르간이 일본의 전통적인 멜로디 「오에도 니혼바시(お江戸日本橋)」를 연주하기 시작한다. 밖에서 끈질기게 참으면서 기다리고 있던 한무리의 손님이 백화점 간부들의 깊숙이 머리 숙인 인사를 받으며 들어온다.

일층의 메인 플로어 에는 우리들 외국인에게 뭔가 기분 좋은 위화감이라는 것이 있다. 미국에서는 상점의 윈도우는 바깥을 지나다니는 보행자를 유인하는 역할을 하고 있어서, 손님은 우선 윈도우에 시선을 돌리고서, 들어갈지를 결정한다. 그러나 미츠코시에는 보도에 붙은 일층의 쇼 윈도우는 없다. 왜 윈도우 전시가 없는 걸까? 라는 나의 물음에 간부 한 사람은 이렇게 대답해 주었다.

「우리의 가장 새로운 경영이념은 자연과 조화를 유지하는 것입니다. 그곳에서 우리는 자연을 모티브로 해서, 또 도시의 중압과 광고의 범람, 소비로부터 벗어나는 수단으로 자연을 중시하고 있는 것입니다. 모든 에스컬레이터 측면의 벽에는, 여름에는 열대어와 해초 그림이 가을에는 잠자리와 국화 그림이 조명에 붙어서 묘사되고 있습니다. 그리고 에스컬레이터를 다 올라온 곳에, 그 층의 중요한 상품의 품목을 게시하고, 손님이 자연스럽게 보고 살 수 있게끔 하고 있습니다. 이것이 말하자면 우리들의 진열상자인 것입니다.」

<**본문** 4-3>

젊은이 지향 발밑을 주의하자. 여기에서는 어느 누구도 미국과 같이, 「빨리 서둘러 주십시오」 등으로 재촉하는 일은 없다. 그렇지만, 2층에서 소프트록 조의 비트 가 들려오면, 발은 자연스럽게 경쾌해진다. 여기에 한하지 않고 오카다 시게르 사장이 취임한 이래, 「미츠코시의 젊은이 지향」은 한층 결정적으로 되었다. 젊은이를 의식한 시설도 많다.

일본의 젊은이들이 부모와 조부모보다도 큰 구매력을 갖고 있는 것을, 오카다 사장은 일찍부터 인정하고 있었다. 예를 들면, TV 스튜디오도 되는 긴자 테레사・레스토랑과 같은 젊은이 전문의 가게를 생각해낸 것도 그 사람이었다.

2층의 제일 안쪽은 골프코너이다. 주문 골프채를 갖고 싶어 하는 골프 애호가를 위한 특설 스튜디오도 있다. 스튜디오에는 비디오 테이프레코드가 준비돼 있어, 스윙을 필름에 담는 것뿐만 아니라, 골프채의 스피드와 공이 맞는 순간의 볼 속도까지 측정해 준다. 손님에게 50회 정도 스윙을 시켜 그것을 비디오테이프에 담으면, 교대로 상주하고 있는 전속 프로골퍼가 골프채의 선택이라든가 자세에 대해 적절한 어드바이스를 해 준다.

이런 일은 일본이기 때문에 가능한 것이다. 왜냐하면, 소니-제품의 이 기계는 지금까지 네 대 밖에 제작되지 않았고, 네 대도 외국에 수출된 일이 없으며 그 가운데 두 대가 미츠코시에 설치되어 있기 때문이다.

서비스에서 상품까지 3층의 부인복 매장. 여기에도 현대적 경영 감각이 두드러지게 나타나고 있다. 「shop in shop」의 제도가 그것이다. 「shop in shop」-작은 전문점은 3층뿐만 아니라 다른 층에도 있는데 그 전형이 '프라자 콘뎃사' 이다.

'프라자 콘뎃사'에서는 패션쇼가 매일 열리며 여성고객은 홍차를 마시면서, 혈액순환이 잘 되는 재미있는 이야기라든가 여성골프라든가 미용강의에 귀를 기울이고 있다.

'프라자 콘뎃사'는 4천명의 회원을 가진 미츠코시 '레이디 클럽'의 특별할인 상품이기도 하다. 정해진 회비를 납부하는 대신에 여름 휴양지나 수영, 승마의 레슨비용을 할인하여 준다. 빈틈없이 고객을 사로잡는 견실한 백화점 상법의 산물인 것이다.

도쿄에 체재하고 있는 외국인 여행자나 무역업자는, 은행 문이 닫히고 나서도 여행자 수표나 수중에 있는 외화를 백화점에서 교환할 수 있는 것을 알고 있다. 백화점은 토・일요일은 물론 평일이라도 은행 폐점 후 상당히 늦게까지 문을 열고 있기 때문이다.

그런데, 4층에서는 기모노, 하오리, 유카타, 허리띠, 욕조깔개 등이 진열되어 있기 때문에, 미츠코시 내부의 사람들은 이 층을 전통상품의 플로어라고 부르고 있다. 그렇게 들어보면 수긍이 간다. 다실, 옥내정원이나 인공호수가 있어 미츠코시 에서도 더욱 편하게 해주는 곳이기도 하기 때문이다. 또 가까운 곳에 혼례살롱이 있으며 피에르 가르뎅 제작의 베개와 침대 커버를 전시하고 있다. 내가 말한다면, 「전통상품 플로어」라고 하는 것보다 「일본풍 플로어」라고 말하고 싶다. 결국, 옛 것과 새로운 것이 혼연일체가 되고 있는 현대일본의 모습을 가까운 곳에서 볼 수 있는 장소이기 때문이다.

<**본문** 4-4>

미츠코시 백화점 5층의 하우징 센터에서는 집이나 별장, 아파트나 피서지의 별장까지 팔고 있다. 물론, 가구 세간 물건을 갖출 수도 있다. 집뿐만이 아니다. 미츠코시 에서는 「여행」까지도 팔고 있는 것이다.

「서비스를 팜으로서 비로소 상품을 팔 수 있는 것입니다.」라고 어느 간부는 말한다. 「예를 들면, 우리들은 우선 요트클럽을 만들어 초보자에게 요트나 보트의 즐거움을 소개하고, 다음은 모든 분들이 면허증을 따기 위한 강습회를 개최합니다. 그런 후 비로소 이 분들에게 보트를 팔 수 있게 되는 것입니다.」

자, 슬슬 허기가 느껴지지 않으십니까? 6층에 있는 대 식당에는 양식, 초밥, 국수, 중화요리 등이 준비되어 있으며 가격도 비교적 싸다.

「6층과 7층 2개의 대 식당에는 약 2백 종류의 메뉴가 준비되어 있어서, 단지 여기서 식사만을 하기 위해서 오시는 손님도 꽤 있습니다. 쇼핑 도중에 손님이 허기를 느끼고 식사를 하기 위해 백화점을 나가게 되면, 일부러 다시 돌아오지 않을 것입니다.」라고 식당 주임은 말한다.

미츠코시는 또 하토버스의 오후 관광코스에도 들어있다.

정기휴일인 월요일을 제외한 매일 오후 4시가 지나면, 버스로 도착한 30명 남짓의 관광객은 6층 「국화의 방」으로 안내된다. 일본의 상류계급 결혼식의 신부 의상을 외국인에게 보여주는 패션쇼다. 오르간 소리가 테이프에서 흘러나오고 영어 해설도 나온다. 신부가 입장한다(물론 모델이다). 그녀는 금색, 적색, 녹색 등의 눈부시게 화려하고 호화스런 비단 의상을 입고 있다.

6층에는 또, 구미의 백화점에서는 여태 한번도 볼 수 없는 것이 있다. 좌석수가 600개인 극장으로 입장료를 받고 전통음악이나 상업연극, 어린이를 위한 쇼 등을 수시로 개최하고 있다.

비취의 가면 본점의 5개의 아트갤러리(예술화랑)를 가 본다. 오늘은 중국 도기전, 히로시게(広重)나 쿠니요시(国芳), 호쿠사이(北斉) 등의 풍속화전, 게다가 묵화전 등도 사람을 모으고 있다. 왜 백화점이 이런 전시장을 갖추어 행사를 연달아 열면서, 「문화」적인 행사에 중점을 두고 있는지 외국부장 이누츠카 쥬이치 씨는 이러한 에피소드를 말해 주었다.

<**본문** 4-5>

「재작년 멕시코의 에체 바리아 대통령이 방일하셨을 때의 일입니다. 오카다 사장이 대통령을 만나 뵙고 팔렝케 의 왕묘에서 1952년에 발굴된『마야의 비취가면』을 미츠코시에서 빌리고 싶다고 부탁했습니다. 대통령은 신청창구 담당자를 소개시켜 주시고 추천장까지 주셨습니다. 그렇지만『비취가면』은 그렇게 쉽게 일본에 오지는 않았습니다. 멕시코 당국은 이렇게 말했습니다.「왜, 우리들의 최고의 신비스런 보물이 백화점으로 가야 하는가요. 우리나라에서는 고국의 박물관에 소중하게 보관하고 있는데요.」교섭담당인 미시마 군은 이렇게 말했다고 합니다.「일본은 120년 전 개국 이래 외국문화를 급속하게 흡수하려고 노력해 왔습니다. 아직 박물관의 수는 적고 방문하는 사람도 그다지 많지 않습니다. 그렇기 때문에 해외사정을 알리는 역할은 신문사와 백화점이 다해 왔습니다. 아폴로 12호가 가지고 돌아온 월석(月石)을 미츠코시에 전시한 것과 마찬가지로, 각 국의 귀중한 보물을 일반에게 전시하기 위해서는 일본에서는 백화점이 가장 적합한 곳입니다.」

1100년에서 1200년 동안 두문불출했던 『바렌케의 비취가면』은, 재작년 7월 결국 멕시코를 떠나서 2주간에 걸쳐 미츠코시 7층 갤러리에 전시됐다고 한다.

가족동반자는 옥상으로 쇼핑을 가족 총출동의 즐거운 피크닉으로 바꾸어 놓는 곳은 백화점의 옥상이다. 이것은 미츠코시에 한하지 않고 일본의 어느 백화점에서나 공통된 일이다. 살아있는 코끼리와 사자를 기르고 있는 백화점이 있다. 만일 손님이 즐거워한다면 코끼리 형제를 인도나 태국에서 불러들이는 일이란 어렵지 않다. 백화점의 대목 때인 일요일, 아이를 데리고 온 부모는 동물원으로 할지 백화점으로 할지 망설인다. 일요일이 아닌 오늘도 옥상정원에는 가족동반자가 있는데, 인공폭포를 바라보면서 옥외점심을 즐기거나 스카이 뷔페에서 스낵을 먹거나 하고 있다.

옥상 야외극장의 무대에서 행해지는 팝 가수나 훌라 댄서의 춤을 보고 있는 그룹도 있다. 장사의 신(神) 다이고쿠뎅을 모신 신사에 참배하고 있는 사람도 있다. 여기에는 미츠코시의 직원도 자주 참배하러 온다고 한다.

현대의 일본 속에서 오래된 것과 새로운 것이 표리관계로 맞붙어 선명하고 강렬한 대조와 조화를 보이면서 공존하고 있는 장소 — 그것이 백화점이다. 1673년부터 오늘날까지 300년이라는 역사를 가지고 있는 미츠코시의 지하 1층에서 옥상까지 기모노(着物)에서 미니스커트까지에는, 이러한 일본의 모습이 구석구석까지 스며들어 살아 있는 것이다.

〔연습문제의 답〕

第1章

<問1의 答>

「生きよ」「愛せよ」「学べ」が挙げられる。

<問2의 答>

友愛，性愛，宗教的愛，そして人間愛である。この金言の場合，何よりも大切なのは，愛を与え，愛を受ける能力，つまり，大人の分別をもって自己中心の殻から抜け出る能力をつちかうことである。それは同時に，これまで自分の前に立ちはだかっていた自己中心的な考えや価値感を乗越えることなのである。

<問3의 答>

歩き始めようとしている赤ん坊にたとえて見よう。 赤ん坊は歩こうとしては失敗し，またやり直す。少しずつ上達したと思うところんで鼻をぶつけて泣く。 だが，次の瞬間には笑い声をあげてよちよち歩き出す。赤ん坊はけっして義務を遂行しているのではない。 ただ人間に予定されたとおりに行動しているだけだ。 これこそ「学ぶこと」の真意である。

<問4의 答>

「考えよ」「与えよ」「笑え」「試みよ」等がある。

第2章

<問1의 答>

精神医学の面では，ストレスは大きく二つの型に分けられている。一つは，「損失」に伴うストレスである。たとえば恋人や職をなくしたとか，望みが高すぎて失敗し自尊心が傷つけられたとかいうときに起こるものである。もう一つは，「恐れ」に伴うストレスである。個人の地位，目標，健康，安全などについての心配から起こる。

こういったストレスの兆候としては，憂うつ状態，あるいは不安，またはその両者が同時に表われる。

<問2의 答>

子供のころには，自分の家族や学校で要求されることに対処しなければならない。先生のパーソナリティーや仲間たちに自分を適合させていくというのも，大きなストレスの原因になりえる。それはのちの青年期の若い男女の関係から起こる問題と同じものなのでる。それから，大学にはいれば学問上のストレスや，どういう職業を選ぶべきかという悩みが出てくる。大学を出ると，ほとんどの人の出会うのが結婚に伴ういろいろな問題である。これも重大な場合には，早々に離婚するというところまでいくこともある。また子供を生むということも，女性には重くのしかかってくる。男は男で，職業についてしばらくすると問題が出てくる。つまり，どの時期にも，それぞれ固有のストレスがあるのである。

<問3의 答>

妄想，不安，飲酒，その他さまざまな反応をみせる。

<問4의 答>

中間層の管理職の人に多く見られるのは潰瘍である。かれらは外部から仕事の圧力を受けるだけではない。それよりさらに大きいのは，自分の内部に生じてくる，出世しなければならないという圧迫感なのである。りっぱに仕事をやってのけようと，自分で自分を絶えず駆り立てるのである。ところが，あるレベルまでうまくいくと，すぐさま自分で目標をさらに

引上げるといったぐあいで，どこまでいってもきりがないので，ストレスを多く受けるのである。

<問5의 答>

若い母親の場合は，「差し引き」のバランスがくずれる，とでもいうような状態になるのだ。つまり，学生時代は毎日教師と接触したり，クラブ活動をしたりして気がまぎれ，独身時代はデートなどをしたりして満足していたのに，結婚をして子供が出来ると家事や育児に追われ，得るものよりも与えるほうが多くなるというわけだ。しかもこのころになると，夫のほうは仕事で忙しく，妻にはほんのわずかのささえにしかなってやれなくなるのである。

<問6의 答>

以前は，結婚生活はひとりでに成り立っていくものだという素朴な，現実的信念があったのである。いまはそうはいかない。問題が表われたとみると，結婚カウンセラーをたずねるよりも先に弁護士に相談しようとする。自分たちの内なる困難に立ち向かう力があるかどうか，ためそうともしない，よくない点がある。

<問7의 答>

いまの若い人たちの生活は，親の時代よりもずっと楽になっている。子供のころも青年時代も，親はそばにいて守ってくれる。そのため若者たちは，大きな欲求不満に耐えることを学んでいないのである。不安の時期を苦しみながら乗切っていけるように育てられてもいないし，長い逆境に耐えた経験もない。それゆえ，ストレスが高まったときには，どう対処したらよいのかわからなくなっているのである。

<問8의 答>

方法はいろいろあるが，なるべく「ゆとりのある心を持つ」といった，きわめて簡単な方法に気をつければよいだろう。

<問9의 答>

そういう人たちの悩みは，人間の評価というものはどれだけのことを達成したかによって決まると考えているから生じてくるのであり，仕事に対してもっと健全な態度をとることができれば，目標をめ

ざして努力するために起こるストレスは減ってくるだろう。

さまざまなレクリエーションをすること。齲えば, ボウリングやテニスをしたり, 庭いじりや休暇旅行に出かけるのもいいだろう。この時, 大切なことは, その人が自分の置かれている状態を客観視できるのかということである。

<問10의 答>

親は, 子供たちに愛情を注いでやる必要がある。しかし, 日常子供たちに必要な愛情が最小限に満たされるだけでも, まっすぐに強く育つ子も多い。子供たちに必要なのは, 若いうちにさまざまな問題に立ち向かって, それに対処するすべを学ぶ機会なのである。そのとき, 親が早まって手を貸したりすれば, 問題に対する子供の忍耐心の発達がさまたげられ, 問題解決の能力を身につける障害にもなりかねない。だから, 親は早まって手を貸したりしないよう注意しなければならない。

第3章

<問1의 答>

「大学に行く必要なんてあるのかしら? 来年になったら大学に進学しなけりゃならないなんて法律でもあるの? 来年はわたし, ほかのことをやってみたいのよ」ということである。

<問2의 答>

マギーは, 新入生のためのオリエンテーションに出席するかわりに, 旅行したり働いたりそのほか実にさまざまな活動を行なった。たとえば, ニューメキシコ州で記録映画をとったり, スーパーマーケットで肉を包んだり, フランス人の家庭に住み込んで子供たちの世話をしながら本場のフランス語を学んだり, オーストラリアの羊の牧場で働いたり, インディアンの子供たちのためにかれらといっしょに劇を上演したり, 帆船を建造したりして社会的経験を得た。

また, 自然食品のパンを工夫して焼き, それを週に二十四個の割りで売っていた。週に二度, 近くの公立学校で先生の助手も勤めた。週末にはある廃棄物再生センターで働き，商業写真家のスタジオで使い走りもした。 そして何よりも，　自分の関心のあること — 写真，ヨガ，重い荷物をかついでのキャンプ，ツアー・スキー，読書 — にせっせと励んでいた。

<問3의 答>

「何かほかのことをやりたい」からという理由だけで，　その学生の籍を一年間保留しておいてやるというやり方には，次のような賛否両論がある。

＊ 賛成の場合，

入学試験をパスした学生なら，別に建設的な休学計画など提出しなくとも，　一年間の休学を認める。 それは，何であれ学問以外の活動をして時を過ごしさえすれば，　学生は成長し，　その後の大学生活がそれだけ有意義なものになるはずだという考え方である。

＊ 反対の場合，

1) あくまでも教育機関の一部なのだから，学生が1年間の休暇中の計画をちゃんと立てて，中途でいま何をやっているか報告するという条件つきの場合に限っている。
2) 17，8歳の時よりは20の歳(三年生)に，それも外国への交換留学生などの形で行った方がより良い。
3) 人文科学とは違って自然科学は一課程，一課程と基礎を積み重ねていかなければならない。 それで一年休んでしまうと，せっかく学んだ基礎を忘れてしまうおそれもありうるからである。

<問4의 答>

まずその期間中，親は親で自分の生活を守る努力をすること。 そうすれば，子供も親も苦しんだりいらいらしたりせずにすむだろう。

また，子供が休暇をとって家にいるからといって，それをいいことにしていろいろ手伝いをさせたりしないこと。

<問5의 答>

休学の間，マギーの考えは，マギーなりに自分の行く手に待つ学問に情熱を燃やすだろうという自信感が見られた。

結局，ときには友だちがほとんど大学に行ってしまって寂しいことも多かったが，いずれにしても一年の休暇は有意義な経験だったと考えた。

<問6의 答>

高校卒業後一年休みをとるというのは，アメリカ中にどんどん広がっている傾向である。奨励さえしている人もあるし賛成しない教育者も多い。

1) 何であれ学問以外の活動をして時を過ごしさえすれば，学生は成長し，その後の大学生活がそれだけ有意義なものになるはずだという考え方である。
2) あくまでも教育機関の一部なのだから，学生が1年間の休暇中の計画をちゃんと立てて，中途でいま何をやっているか報告するという条件つきの場合に限らなければならない。
3) 20の歳(三年生)に，それも外国への交換留学生などの形で行った方がより良い。
4) 人文科学とは違って自然科学は一課程，一課程と基礎を積み重ねていかなければならない。それで一年休んでしまうと，せっかく学んだ基礎を忘れてしまうおそれもある。
5) その期間中，親は親で自分の生活を守る努力をすべきだ。そうすれば，子供も親も苦しんだりいらいらしたりせずにすむだろう。
6) 子供が休暇をとって家にいるからといって，それをいいことにしていろいろ手伝いをさせたりしないこと。

マギーの母親は，いずれにしても一年の休暇は有意義な経験だったと考えた。

第4章

<問1의 答>

日本のデパートは単に物を売るだけのところではない。ファッションの展示即売場でもない。そういうものを超越した存在だ。それは都市生活者にとっては必要不可欠なものであり，さらに言えば民族の文化のシンボルでさえある。アート・ギャラリー，博物館，食堂，ティーショップ，劇場，娯楽センター，遊園地，診療所，休憩場所，オアシス等が，都心部の巨大なコンクリート製の建物の中にすっぽりおさめられているのだ。

日本のデパートは観光の対象であり，生活の情報源でもある。西洋を見る窓であり，東洋をうつす鏡である。つまり，ひとことで言うと，現代の指標とも言うべき場所である。

<問2의 答>

以前は，商売にかけひきはつきもの，勘定は盆暮れ二回と決まっていた。いわゆる「正札販売」という考え方は，当時としては画期的なものであった。こういう正札販売が普及しはじめたのは，イギリスやフランスなど比較的進んだ商業民族に比べて一世紀早かった。

<問3의 答>

半蔵門線に乗って「三越前」という名の地下鉄駅で降り，そのまま三越の地下一階の店内に入ればいいのである。

<問4의 答>

日本のデパートの特色の一つは，食料品に重点をおいていることである。三越の場合，地下一階の半分は食料品売場だ。日本固有のお惣菜，中国料理，インド料理，西洋料理，驚くなかれイギリス料理の材料まで売っている。

<問5의 答>

お客様にははっきりした言葉づかいで，微笑をたやさず応対すること。そして，三越の包装紙の包みを持った地下鉄の乗客に席をゆずった店員に賞状を送るよい知らせもあるし，あるいは，外国語ができないからといって外国人が来ても見て見ぬふりをしてはいけないというお小言もある。

<問6의 答>

午前十時，エスカレーターにスイッチが入れられる。パイプオルガンが日本の伝統的なメロディー「お江戸日本橋」をかなではじめる。外でしんぼう強く待っていた客の一団が，店の幹部数人の深々としたおじぎに迎えられてはいってくる。

<問7의 答>

アメリカでは商店のウィンドーは外を通る歩行者をひきつける役目をはたしていて，客はまずウィンドーに目を走らせてから，はいるかはいらないかを決める。

しかし，三越には通りに面した一階のショーウインドーなどというものはない。それは，三越の最も新しい経営理念があくまでも自然と調和を保つことにあるからだ。

색인

일본어

(わ)

한국어

(ㅊ)